FÚTBOL & MENTE

POEBOOKS

PALOMA RAMÓN & ÁNGEL MARTÍNEZ

PRÓLOGO DEL "CHOLO" SIMEONE

FÚTBOL & MENTE

POEBOOKS

Primera edición: febrero de 2016

Timoteo Padrós, 14
28200 San Lorenzo de El Escorial (Madrid)
contacto@poebooks.club
www.poebooks.club

Diseño, maquetación y edición (cubierta e interiores):
Miguel Ángel Linares

Ilustraciones: Lorenzo Ramón Villacampa

Impreso por Cofás Artes Gráficas, S.L.
c/ Juan de la Cierva, 58
Polígono Industrial Prado de Regordoño
28936 Móstoles (Madrid)
cofassa@gmail.com

POEBOOKS

ISBN: 978-84-943301-4-8
Depósito legal: M-9337-2015

A nuestro querido Eric Frattini,
porque sin él este libro nunca
hubiera saltado a la cancha

ÍNDICE

PRÓLOGO
TU ESTADO MENTAL DETERMINA TU NIVEL DE JUEGO
DIEGO PABLO SIMEONE

En tu vida puedes hacer de todo un problema o de todo una solución, según el camino que elijas, tendrás una vida llena de problemas o de soluciones.
CAPÍTULO UNO
EL JUGADOR Y LA NOCHE

CAPÍTULO DOS
EL JUGADOR Y LA AGRESIVIDAD

ÍNDICE

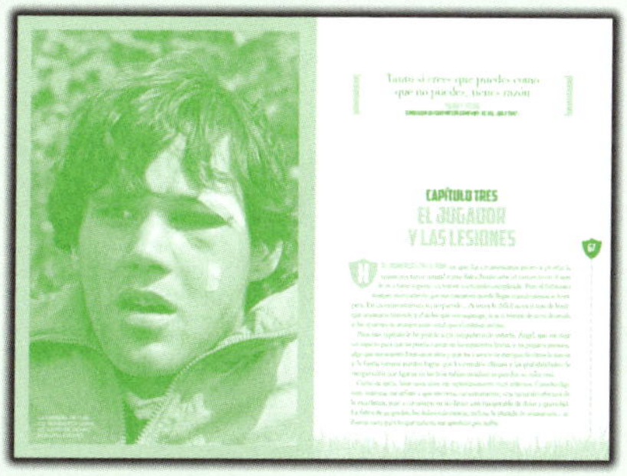
CAPÍTULO TRES
EL JUGADOR
Y LAS LESIONES

AON
CAPÍTULO CUATRO
EL JUGADOR
EN PARTIDOS CLAVE

500
CAPÍTULO CINCO
EL JUGADOR
Y EL DINERO

ÍNDICE

CAPÍTULO SEIS
LA MOTIVACIÓN
Y LAS EMOCIONES

CAPÍTULO SIETE
LA MALA SUERTE
EN LOS PARTIDOS

ROBBEN
10

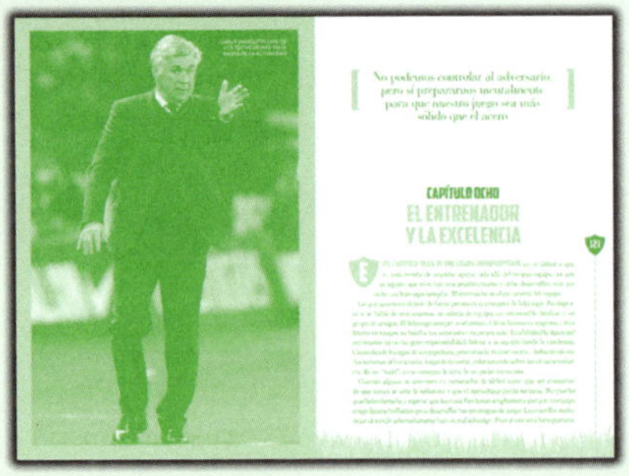

CAPÍTULO OCHO
EL ENTRENADOR
Y LA EXCELENCIA

ÍNDICE

CAPÍTULO NUEVE
EL JUGADOR Y EL EFECTO CAMPO CONTRARIO

CAPÍTULO DIEZ
EL JUGADOR Y LA EXCELENCIA

RAUL

EPÍLOGO
EL FÚTBOL TIENE UNA NUEVA OPORTUNIDAD DE EVOLUCIONAR
... GERMÁN BURGOS

PRÓLOGO
TU ESTADO MENTAL DETERMINA TU NIVEL DE JUEGO

por **DIEGO PABLO SIMEONE**

Sé, por propia experiencia, que escribir un libro acerca de cómo sobrevivir en el mundo del fútbol, sin arrepentirte de la manera en la que has gestionado tu vida profesional, personal y económica, es bastante complicado. Con el libro *El Efecto Simeone* pude encontrar, desde mi experiencia deportiva, herramientas suficientes para poder escribir con inteligencia páginas en blanco, acerca del liderazgo y la motivación de equipos.

Paloma y Ángel son dos grandes profesionales del fútbol mental. Ellos no han tocado con sus pies una pelota en un gran partido, pero en este deporte no solo se juega con los pies ni se llega a ser un gran futbolista simplemente entrenando.

En un partido de fútbol la importancia de tu estado mental es lo que determina tu nivel de juego. A través de sus estudios y su experiencia, los dos han desarrollado técnicas innovadoras para conseguir que el jugador rinda al 100% de su capacidad mental y física.

Leyendo este escrito he meditado mucho sobre mi propio liderazgo, desde los inicios de mi carrera hasta el día de hoy, y me he dado cuenta de que a través de tantos años de experiencia he llegado a conclusiones parecidas a las que ellos han alcanzado en este libro.

Y me pregunto ¿quién hubiera sido yo si desde el principio me hubiese acompañado en este trayecto tan duro un entrenador mental con la experiencia de Paloma y Ángel?

Desde el cariño que les tengo les deseo toda la suerte del mundo en su proyecto con su empresa Bullminders y con este libro tan útil para cualquier persona que esté interesada en el mundo del fútbol, pero sobre todo a los que se estén dedicando ya o se quieran dedicar a este gran deporte que ha sido mi vida.

Diego Pablo Simeone
Enero de 2016

RONALDO
7
adidas

MESSI
10
LFP
unicef

[En tu vida puedes hacer de todo un problema o de todo una solución; según el camino que elijas, tendrás una vida llena de problemas o de soluciones]

CAPÍTULO UNO

EL JUGADOR Y LA NOCHE

EL JUGADOR Y LA NOCHE abarca muchos conceptos. Bajo el influjo de la luna todos apartamos a un lado nuestro disfraz de buen profesional, amante familiar, estupendo vecino o deportista estricto con nuestros hábitos alimenticios para convertirnos en otra parte de nosotros. Otro traje, con menos ropa, menos limitaciones, menos autocontrol. Es maravilloso poder disfrutar del mundo. Sacar su jugo y convertir la vida en un manantial de experiencias excitantes. En un mar de aventuras.

Pero ¿qué pasa cuando nuestro disfraz nocturno empieza a afectar al resto de nuestras responsabilidades, de nuestros disfraces? ¿Qué ocurre cuando el deseo se convierte en adicción? ¿Cómo controlamos esa parte impulsiva, tan importante? ¿Cuándo acaba la diversión por convertirse en una amenaza?

Muchas preguntas planean sobre este capítulo. Sé que, cuando lo estés leyendo, vas a sentirte identificado con algunas situaciones que vamos a exponer. Es normal. No te avergüences. Que tu diálogo interno no se convierta en un gurú religioso que critica tus acciones desde la moral y la ética, ya que eso no te va a dar soluciones para comenzar un cambio en estas gestiones emocionales que vamos a tratar de comprender y equilibrar.

Hay una frase maravillosa que dice "toda emoción es válida, pero todo comportamiento no".

En tu mundo interior puedes desear lo que quieras. Puedes crear situaciones imaginarias sin problema. Otra cosa diferente es transformar estas acciones imaginarias en acciones reales, sin sopesar, sin controlar las consecuencias.

La vida en sí misma no es complicada. Somos nosotros los que acabamos creando conflictos al vivirla de un modo impulsivo. Sin escuchar al resto de nuestras personalidades, que quieren advertirnos de los riesgos. El disfraz de padre, el de esposo, el de atleta, etc., todos ellos van a avisar al disfraz nocturno de los peligros que entrañan sus acciones, cuando la noche cae y salimos al mundo a desear, disfrutar, en definitiva a divertirnos.

Deberías escuchar a todos ellos. Saber cómo se sienten frente a las situaciones que van a ir surgiendo. Tomar responsabilidad de todos esos personajes que componen tu personalidad. Darles equilibrio, educación, transparencia, bondad, motivación, amor y respeto.

El sexo es maravilloso. Compartir con los amigos es necesario, porque somos seres sociales. Asistir a fiestas es una manera genial para combatir el cansancio mental que genera la responsabilidad de ser un gran futbolista. Nada de eso puede faltar en la vida de ninguna persona, a no ser que, conscientemente, decida que no quiere alguna de esas opciones por la razón que estime.

Algunas personas, dentro del mundo del deporte, encuentran de pronto que la noche se queda pegada a su disfraz de jugador, a su cuerpo y a su mente, anulando al resto. Cuando ocurre, la vida profesional, familiar, etc., queda expuesta. Peligra el equilibrio integral. Es entonces cuando has de tomar conciencia y empezar a hacer cambios, porque de lo contrario la espiral de sucesos que llegarán rápidamente podrá arruinar tu futuro personal y deportivo.

A continuación describiremos casos de futbolistas que, tras descubrir su disfraz nocturno, quemaron el resto de vestimentas mentales, mandando al traste su futuro o, simplemente, viviendo una carrera deportiva con dificultad y altibajos.

MARADONA, CAMPEÓN DEL MUNDO CON ARGENTINA EN 1986, EL DÍA EN QUE SUBIÓ A LOS ALTARES DE LA HISTORIA DEL FÚTBOL

MARADONA

DIEGO ARMANDO MARADONA, al que todos conocemos como *Pelusa*, nació el 30 de octubre de 1960 en Lanús, Buenos Aires (Argentina). Su infancia transcurrió en Villa Fiorito, al sur de la capital. Toda esa etapa de su vida se desarrolló en un entorno muy humilde y con pocas posibilidades de ayudar a su desarrollo epigenéteco, ya que la violencia, el pillaje y en muchas ocasiones la falta de higiene fueron compañeros de camino de este gran futbolista, en los comienzos de su vida. Allí, entre la basura, nació la magia de su fútbol.

Debutó con Argentinos Juniors en la Primera división argentina en 1976, con tan solo 15 años de edad, proclamándose máximo goleador de los torneos Metropolitano'78, Metropolitano y Nacional'79 y Metropolitano y Nacional'80, cinco títulos que supusieron todo un récord en el fútbol del país sudamericano.

EL "PELUSA", CUANDO ERA EL "CEBOLLITA"

En 1977 César Luis Menotti convoca a un Maradona de 16 años por primera vez para la selección argentina, si bien no contó con él para el Mundial de 1978, disputado en Argentina. En 1979, el *Pelusa* gana el premio al mejor jugador sudamericano del año, además de ganar el Mundial Juvenil con su selección.

En 1981 ficha por uno de los clubes históricos del fútbol argentino, el Atlético

EL PASO DE MARADONA POR EL BARCELONA FUE MUY DISCRETO...

Boca Juniors, por encima de las ofertas de River Plate y FC Barcelona. Con Diego como gran estrella, el conjunto de la Bombonera se proclamó campeón del Torneo Metropolitano (así se denominó la Liga argentina entre 1967 y 1984), en 1981.

Tras darse a conocer a nivel planetario en el Mundial España'82, la lógica se impone y cruza el charco para jugar en el Barcelona, a las órdenes de nuevo de César Luis Menotti, equipo con el que debuta el 5 de septiembre de 1982. Sin embargo, su paso por el Barcelona no tuvo un carácter tan agradable. Durante su permanencia en el equipo español sufrió una hepatitis y una grave lesión tras una entrada de Goicoechea (Athletic de Bilbao).

Tras dos años en el Barcelona, en donde solo gana una Copa del Rey, una Copa de la Liga y una Supercopa de España en 1983, emigra a Italia un año después, donde recala en el Nápoles. En aquel mes agosto de 1984, el estadio de San Paolo vibró y cayó rendido a los pies del *Pelusa*, al marcar su primer gol con la camiseta *azzurra* en un partido de la Copa de Italia que ganaron los locales 4-1. Con el conjunto del sur de Italia Maradona firmó su mejor época como jugador. En sus ocho temporadas en Nápoles (1984-1992) el argentino ganó dos título de la Serie A (Liga italiana), una Copa y una Supercopa, además de la Copa de la UEFA en 1989.

Sin embargo, fue en el Mundial de México de 1986 donde Maradona se consagró como uno de los más grandes jugadores de la historia. Fue en aquella Copa del Mundo, durante el enfrentamiento de cuartos de final entre Argentina e Inglate-

...PERO EN EL NÁPOLES EL "PELUSA" SE CONSAGRÓ TOTALMENTE A NIVEL DE CLUBES

rra (2-1 para la albiceleste), cuando Diego marcó un gol fantástico, arrancando la jugada desde su propio campo y librándose de cada defensor inglés que le salió al paso para terminar batiendo a Peter Shilton. Este gol ha sido considerado como "el mejor gol de la historia de la Copa Mundial de fútbol" o "el gol del siglo". Argentina terminó proclamándose campeona de aquel Mundial. ¿Y quién recogió la Copa del Mundo? El rey del fútbol del momento: Diego Armando Maradona.

Después de mucho éxito y reconocimiento social su carrera deportiva se vio afectada en 1991 al ser acusado de consumo drogas. Por esta causa fue expulsado del Nápoles. En 1992 regresó a España para jugar en el Sevilla, donde jugó una temporada nefasta. No se encontraba en buena forma física. Un año después volvió Argentina, a Newell's Old Boys, donde solo jugó cuatro partidos en una nueva mala experiencia.

MARADONA, EN EL MUNDIAL'94

Y llegó el Mundial de 1994 en Estados Unidos (Argentina, de nuevo con el *Pelusa* como capitán, había sido subcampeona del mundo en 1990, en Italia). Para esta competición Maradona se preparó de forma exahustiva. Estaba en forma y con muy buena disposición mental, pero tristemente dio positivo por efedrina, un estimulante que ayuda a

EL MÍTICO GOL A INGLATERRA
EN EL MUNDIAL DE 1986; ESE DÍA
EL "DIOS PELUSA" ASCENDIÓ A
LOS ALTARES DEL FÚTBOL

combatir la sensación de fatiga. Por este delito deportivo, Diego fue sancionado por la FIFA durante todo un año. El declive había llegado.

En 1995, una vez cumplida la sanción, el *Pelusa* regresó al Boca Juniors, equipo que siempre definió como "suyo" y en el que sentía que era él mismo, aunque con más luces que sombras. En la mítica Bombonera, estadio del Boca Juniors, la leyenda del fútbol Diego Armando Maradona disputó su último encuentro oficial el 25 de octubre del 97 en un clásico ante el eterno rival, el River Plate.

Con la selección argentina Maradona nos regaló 91 partidos oficiales, en los que marcó 34 goles, fabricados por uno de los mayores talentos que hasta ahora ha dado la historia del fútbol, ocho de ellos en los cuatro Mundiales que disputó.

Su errática carrera como entrenador incluye a Deportivo Mandiyú, racing de Avellaneda en Argentina y Al Wasl en los Emiratos Árabes Unidos a nivel de clubes. En octubre de 2008 fue presentado como nuevo seleccionador de Argentina, a quien clasificó (con muchas dificultades), para el Mundial de Sudáfrica, cita en la que la albiceleste no pasó de cuartos de final. A día de hoy, el *Pelusa* sigue entregado al mundo del fútbol, en esta ocasión como comentarista deportivo.

Sin duda, Diego Maradona ha sido uno de los mejores jugadores de todos los tiempos, al nivel de Pelé, Di Stéfano o Cruyff. El genial cantante argentino Andrés Calamaro, líder de Los Rodríguez, lo definiría en una de sus canciones como «Maradona no es una persona cualquiera, es un hombre pegado a una pelota de cuero...». Así es. Un maravilloso jugador, pegado no solo a una pelota de cuero, sino también a una personalidad mal vestida, incorrectamente ataviada. Su traje de noche acabó por quedarse pegado a esa personalidad desbordada, haciendo que su vida tomara un rumbo desequilibrado, sin control, adicto total no solo a la droga, sino también a las emociones mal gestionadas.

¿Qué ocurre cuando el descontrol emocional arraiga en uno mismo?

Con Diego Armando Maradona vamos a diseccionar el proceso de una debacle tanto personal como deportiva a causa, entre otras cosas, de la adicción emocional.

La primera vez que se hizo público su problema con las drogas fue en 1991. Como decíamos antes, las causas que llevan a una estrella a acabar en un trance tan duro como este son varias. Los futbolistas tienen los mismos riesgos de caer en adicciones negativas como el resto de los mortales. Maradona, en algún momento de su carrera deportiva y por razones que seguramente solo él conoce, acabó sumergiendo su curiosidad en un mundo que le arrastró al descontrol completo.

Las razones personales que le llevaron a navegar por estas aguas turbias no es el tema de este capítulo. Pero es importante entender qué pudo precipitar una elección tan errónea de vivir la vida.

DIEGO EN ÚLTIMA ETAPA EN BOCA JUNIORS, JUNTO A CLAUDIO CANIGGIA

Las lesiones son la causa inicial de un cambio de comportamiento en muchos futbolistas. El hecho de no poder jugar ni entrenar lleva al jugador a una sucesión de días llenos de desidia, aburrimiento e inseguridad por la lesión. Ahí comienzan las "comeduras de coco" y un nuevo elemento entra en acción: el entorno del jugador. En el caso de Maradona las amistades fueron sin duda una de las causas que lo empujaron a perder el control. Al ser una persona pública con dinero, fama y poder, te conviertes en un blanco perfecto, para gente tóxica y "chupasangre".

Muchas personas de tu entorno van a querer vivir su vida a través de ti. Querrán hacer lo que desean a tus expensas. Sentir tu poder, pero gestionándolo ellos. Sacarte el jugo. Ahí es donde el disfraz de noche puede ser peligroso. Todo este tipo de entorno suele pegarse a ese traje por defecto. Son momentos de tu vida en los que vas a estar relajado, poco alerta.

Tras esas horas de desidia, en las que el jugador, a lo largo de la semana, no tiene demasiadas horas ocupadas, puede ocurrir que la diversión empiece a llenar gran parte de ese tiempo libre. Es el momento en el que el futbolista, padre, esposo, profesional, cuelga los distintos trajes que visten cada uno de esos personajes y saca el traje nocturno. Es el momento en el que la parte impulsiva toma casi todo el control de la mente y adormece a la parte racional.

Desde el instante en el que tu traje de noche sea ponderado por otros dicho disfraz va a adquirir mayor presencia en tu personalidad, anulando al resto de los trajes de la otras caras que componen tu "yo completo". Aquí comienza la adicción emocional que puede llevarte a perder el control de la realidad y por ende, a convertir tu vida equilibrada en una vorágine de experiencias poco positivas.

Pero... ¿qué es la adicción emocional? La adicción química emocional explica en parte por qué, muchas veces, nos anclamos en situaciones y comportamientos poco recomendables, de los que es difícil salir aunque queramos cambiar nuestros hábito. De este modo, comprendemos mejor la mente de Diego Armando Maradona, quien quedó anclado en una acumulación de emociones negativas que le impulsaron a realizar demasiadas acciones que, claro, también fueron negativas.

Así pues, entendemos que la adicción emocional puede ser negativa o positiva. Tú puedes elegir la vida positiva o negativa, dependiendo del camino que escojas. Generalmente, quien acaba enganchado a emociones negativas no es por elección propia, sino que simplemente ha perdido su control emocional y ha dejado que la casualidad arraigue en él, sin pensar en ningún momento qué pasa, qué hace, qué piensa, qué siente o qué desea.

¿Os imagináis a Maradona, tomando el control, en medio de esa desidia, de sus pensamientos? La respuesta es obvia. No, en absoluto. Cuando quiso darse cuenta, los hábitos fueron quienes llegaron a controlarlo. A través de los pensamientos internos nos volvemos adictos a los químicos que se producen en nuestro organismo y que generan después una emoción, de igual forma que un fumador se vuelve adicto a la nicotina.

Nuestros recuerdos tienen asociados componentes emocionales. Cuando recordamos, los neuroquímicos (como los péptidos, las hormonas o los neurotransmisores) estimulan el cerebro y el resto del cuerpo a través del torrente sanguíneo, así que cada pensamiento se torna en una sensación de manera inconsciente. Por lo tanto, dejamos de tener el control de lo que pasa y de quiénes somos. Ese fue el proceso mental de nuestro admirado jugador. Maradona incorporó a su vida emociones que generaban una cierta química en su cuerpo y luego la mente quiso seguir teniendo ese nivel químico en su cuerpo, aunque fuera nocivo. Estaba ya enganchado, literalmente, a sus descontroladas emociones.

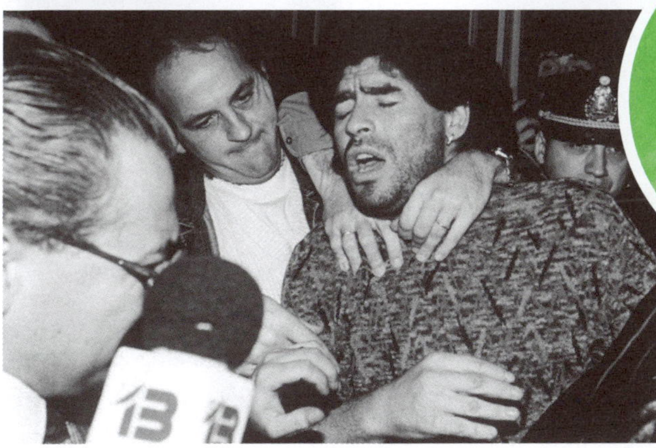

LOS PROBLEMAS DE MARADONA CON LAS DROGAS SALTARON A LA LUZ PÚBLICA CUANDO TODAVÍA ERA JUGADOR DEL NÁPOLES

Un jugador, con su traje de noche, llega a su sala de fiestas preferida. Siente relax, toma alcohol, alguien le ofrece alguna sustancia prohibida con la promesa de darle más emoción a su fiesta particular... Seguramente, esa primera vez lo va a pasar muy bien. Esos pensamientos que va a generar bajo el influjo de estupefacientes o alcohol, aunque no son reales, van a causar un bienestar ficticio esa noche. Va a perder el control de sus acciones y sus emociones van a capitanear el barco que es su mente. Por lo tanto, la persona no solo se va a "enganchar" a las sustancias que ha ingerido sino que, también rápidamente, se convertirá en adicto a las emociones negativas que aparecen bajo este descontrol físico y mental.

¿Quién no ha tenido un amigo que bajo los efectos del alcohol se vuelve agresivo o depresivo, o simplemente deja de ver las acciones que comete de forma real, convirtiéndose en alguien peligroso incluso para él mismo?

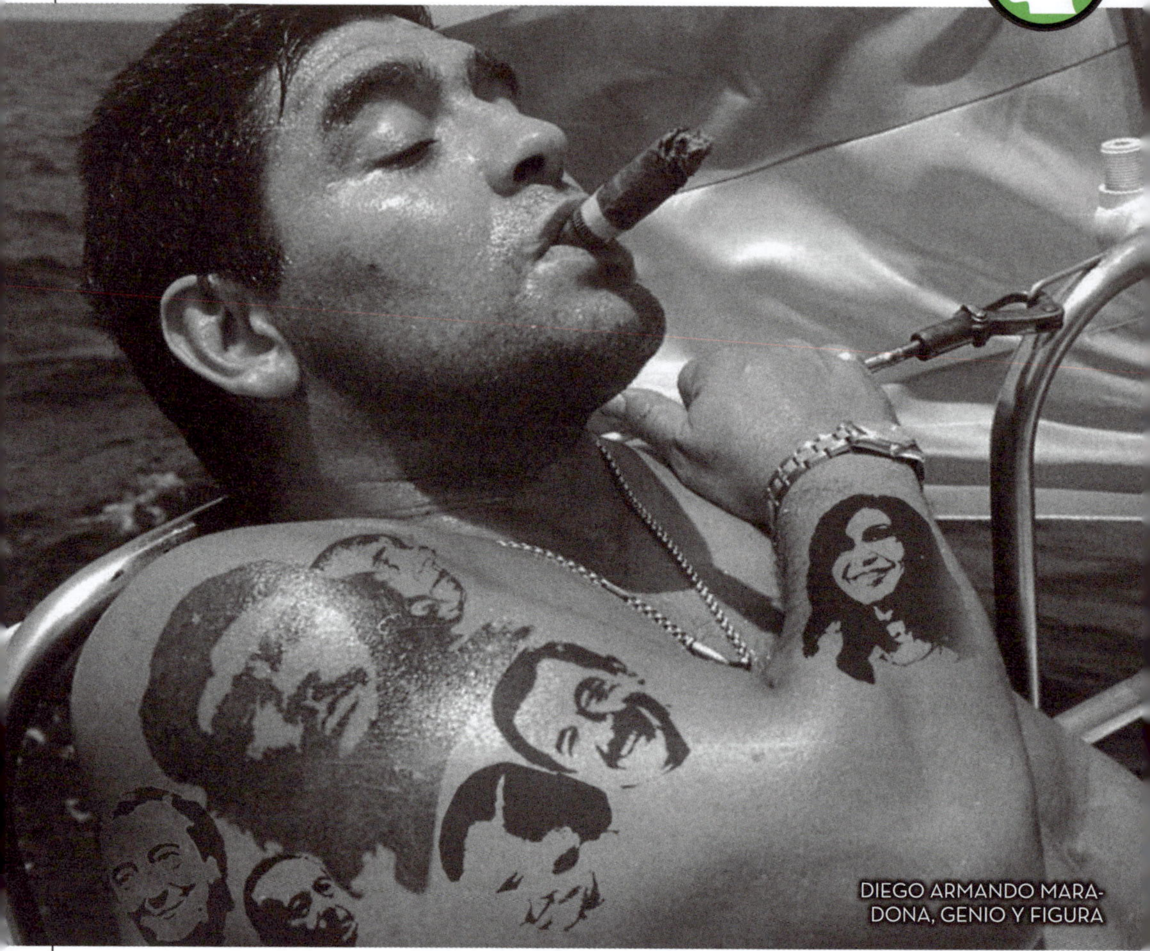

DIEGO ARMANDO MARADONA, GENIO Y FIGURA

Nos enganchamos a todo. A lo bueno y a lo malo. Esto nos da una lectura. Si tenemos la capacidad de elegir, ¿por qué no hacerlo siempre a las emociones positivas, creando así, acciones positivas también? Lo único que necesitamos es, aún llevando el traje de jugador de noche, no perder el control de nuestro pensamiento. Dejar que el equilibrio siga en nosotros, a pesar de esos pequeños excesos en que todos incurrimos cuando llevamos este disfraz nocturno.

Maradona dejó que su mente fluyera de forma descontrolada. Como un balón que busca la portería, pero que está siendo disparado con los ojos vendados.

¿Qué pasa cuando ya somos unos adictos emocionales y el cerebro toma el control de nosotros mismos? Cuando nuestro cerebro ya se ha habituado a los químicos emocionales que estamos volcando en el riego sanguíneo, día tras día, va a obligarnos a seguir en esa rueda de vida. Vamos a tener un diálogo interno incorrecto. Las frases que empezaremos a escuchar dentro de nuestra cabeza van a servir para crear pensamientos concretos que generen emociones necesitadas de este componente interno al que el cerebro ya está ligado, enganchado. Por lo tanto, entraremos en una rueda de pensamiento circular que nos va a atrapar en una forma de vida incorrecta, siendo incapaces de poder cambiar el proceso de las cosas.

En el momento en que esto pasa, el disfraz de noche ya estará fundido con nuestro organismo y el resto de los disfraces irán, poco a poco, desapareciendo, siendo arrancados de nuestro "Yo" integral.

Maradona, por tanto, quedó expuesto al dominio de lo irracional. De hecho, ese descontrol emocional que comenzó en 1991, y seguramente antes, acabó por convertirlo en una persona incluso violenta. En 1994 agredió a varios periodistas con un rifle de aire comprimido, acto por el que fue condenado cinco años después a dos de prisión en suspenso. Aquel acto violento no fue más que el fruto de la irrupción descontrolada de sus impulsos. Pero Diego seguramente no es un ser violento. Tan solo fue alguien que decidió inconscientemente poner su vida en manos de lo prohibido, arriesgar su carrera deportiva, la familia, los amigos. Lo increíble de diseccionar su vida es la lectura que nos da.

Maradona no tuvo la capacidad de controlar sus impulsos que constituían el fundamento principal de su voluntad y su carácter. No dotó de inteligencia a la razón y con esa torpeza emocional quedó atrapado en hábitos peligrosos y adicciones varias. Nuestro admirado *pibe de oro* expuso su destino al peor de los finales. Por suerte, con el paso de los años el apoyo de sus seres queridos y el conjunto de las habilidades que dotan nuestra inteligencia emocional acabó por encontrar poco a poco ese equilibrio necesario para el buen transcurrir de una vida.

> Los vicios llegan como pasajeros,
> nos visitan como huéspedes
> y se quedan como amos

Desde nuestro punto de vista Diego Armando Maradona podría haber superado este trance rápidamente, o incluso haber evitado la caída en picado en su estado emocional con ayuda de un profesional experto en control emocional, y seguramente su carrera deportiva y su vida privada hubieran sido mucho más equilibradas, y le hubiera reportado más felicidad.

a gente se mueve por evitar el dolor o por acercarse al placer. Venimos del caso de Maradona, en el que su movimiento impulsivo fue más direccionado a la búsqueda del placer que a otra cosa. Sin embargo, el caso que vamos a tratar ahora, casi con seguridad, está más dirigido a la huida del dolor.

EL MÍTICO "MARCAJE" DE VINNIE JONES A LAS PARTES MÁS BLANDAS DE GASCOIGNE

PAUL GASCOIGNE, APODADO "GAZZA", ha sido uno de los mejores jugadores que ha dado Inglaterra en los últimos años. Su vida estuvo marcada desde la niñez por desagradables sucesos que hicieron desestabilizar su desarrollo personal posterior. Vio morir a su padre por un derrame cerebral. Fue testigo en primera fila de la muerte de uno de sus mejores amigos de la infancia. Todo esto, unido a otras circunstancias, acabaron por forjar un carácter desequilibrado en Paul.

El fútbol llegó a la vida de Paul John Gascoigne (Gateshead, Inglaterra, 27 de mayo de 1967) en la escuela con tan solo cuatro años. Su primer contrato juvenil se lo ofreció el Newcastle United, club del norte de Inglaterra, cuando contaba con tan solo 13 años de edad. Se estaba forjando una estrella.

Pero ya desde su debut profesional en 1985, con tan solo 18 años, su fuerte y desequilibrado carácter comenzó a dar problemas. Fueron incontables las anécdotas negativas que continuamente manchaban su imagen, partido tras partido.

Una de las más sonadas fue la que aconteció en el partido entre Wimbledon y Newcastle, donde Vinnie Jones, jugador que siempre se caracterizó por su dureza, tras ser acosado y provocado durante todo el partido por Gascoigne, estrujó los "huevos" de Paul, con total descaro, frente a miles de espectadores. Gazza, al final del encuentro, mandó a un asistente del Newcastle al vestuario del Wimbledon, para que le diera a Vinnie una rosa como mofa de lo sucedido.

Y así, con tanta confusión emocional, fue desarrollándose la carrera de nuestro admirado Paul John, que en 1988 fichó por el Tottenham Hotspur, justo al mismo tiempo en que debutaba con la selección nacional ingles. Poco después de su llegada al club londinense, sufrió una lesión de rodilla que lo mantuvo alejado del terreno de juego mucho tiempo. Sus obligadas vacaciones seguramente le dieron mucho espacio libre para seguir con los excesos privados.

PAUL GASCOIGNE, UNO DE LOS MEJORES JUGADORES INGLESES DE LOS ÚLTIMOS AÑOS

DENTRO O FUERA DEL CAMPO, PAUL GASCOIGNE NO PODÍA PASAR DESAPERCIBIDO

En 1992 dio el salto al continente y fichó por el Lazio italiano. Sin embargo, su trayectoria en el club romano pasó casi desapercibida, resurgiendo de sus cenizas tras volver a Gran Bretaña, tres años después, y fichar por el Glasgow Rangers. En Escocia protagonizó más de una anécdota, como cuando en un partido recogió una tarjeta que se le había caído al colegiado y simuló amonestarlo. Obviamente, el árbitro no toleró la broma y le mostró la cartulina amarilla.

En otra ocasión, durante un derbi de Glasgow entre los protestantes del Rangers y los católicos del Celtic, metió un gol y no se le ocurrió una celebración más oportuna que hacer como si tocara una flauta, al estilo de las polémicas marchas protestantes de la anticatólica orden de Orange. *Gazza* mantenía un nexo muy fuerte con las indisciplinas que al final lo llevaron a salir del equipo.

Cuando su problema con la bebida era más que evidente incluso a nivel mediático, comenzó un patético periplo por Middlesbrough, Everton y Burnley (Inglaterra), unos meses en el Gansu Tianma (China), para retirarse en el modesto Boston United como entrenador-jugador.

Siempre protagonista, en una ocasión Paul Gascoigne llegó a reconocer públicamente que algunas veces había jugado borracho. De hecho, llegaron a elegirlo en un partido mejor jugador del encuentro y sin embargo, él aclararía luego que no recordaba nada de aquel partido, porque había jugado completamente ebrio.

Sus problemas con el alcohol se acentuaron tras su retirada del fútbol. De hecho, fue ingresado por un desorden obsesivo-compulsivo, trastorno bipolar, bulimia y alcoholismo. Un año después de este ingreso, intentó suicidarse en Londres.

Hundido, arruinado, alcoholizado, deprimido y abandonado por su mujer e hijos por culpa del maltrato físico y psicológico que ejerció sobre ellos, vive a menudo

TRISTE IMAGEN DE PAUL GASCOIGNE EN 2014 EN UNA DE SUS MUCHAS DETENCIONES POR ALTERCADOS

como un vagabundo por los parques de Londres y de vez en cuando su imagen casi de setentón (nació en 1967) vuelve a las portadas de los diarios sensacionalistas británicos tras una nueva pelea, intoxicación o detención. Este es el triste resultado de una vida llena de excesos, poco control de la ira, ausencia de empatía, nulo crecimiento personal, desórdenes psicológicos y desorganización emocional extrema.

> [A medida que se fortalece nuestra voluntad se desarrolla más nuestra autoridad interna]

¿Qué lectura podemos sacar de todo esto? Sin lugar a dudas, la primera cosa que nos viene a la cabeza es que, si hubiera dispuesto en sus diferentes clubes de un apoyo psicológico de algún tipo, seguramente no habría llegado al horrible lugar en el que se encuentra ahora. Si algún profesional especializado desde su inicio en el fútbol se hubiera dedicado a organizar las emociones de *Gazza*, le hubiera dado herramientas para superar sus obstáculos emocionales, la motivación para seguir un camino correcto y un apoyo emocional dentro y fuera del terreno de juego, todo hubiera sido de otra manera. Mucho mejor de lo que el destino le tenía preparado. Su refugio en el

alcohol no fue buscando felicidad y juerga. Es bastante probable que tras ese exceso se escondiera el dolor que inundaba su corazón por la pérdida de dos seres muy queridos y por sus desajustes emocionales. Podría haberse corregido esta huida del dolor. Es probable que *Gazza* hubiera encontrado la fuerza necesaria para hacerse responsable de sus miserias y superarlas de un modo menos dramático a través de herramientas psicológicas, meditación, coaching, hipnosis u otras alternativas. En definitiva, con un correcto crecimiento personal. Paul Gascoigne es un código rojo en el desentendimiento que tienen los clubes en todo lo que trata materia psicológica y crecimiento personal de sus jugadores. El deportista merece todo el mimo posible, pero esta parte tan importante del ser humano, la psiqué, está muy olvidada en la mayor parte de los clubes. Cuando los entrenadores comprendan la importancia de tener este apoyo incondicional de profesionales de la mente en sus equipos, el nivel del fútbol mejorará y sus jugadores podrán superar las enormes murallas que suponen los abismos de sus mentes poco trabajadas, al igual que en otras disciplinas del deporte.

No nos podemos olvidar de que un jugador de primera línea es una persona normal como el resto de los mortales, joven, al que vemos como ídolo de masas y con una gran cantidad de dinero en sus bolsillos, muy por encima de la media. Una mezcla peligrosa y explosiva si no se regula correctamente.

Este es un consejo que os damos a todos vosotros. Mientras vuestros clubes no se ocupen de ese aspecto, deberíais ser vosotros mismos los que intentarais encontrar un entrenador mental para potenciar vuestras capacidades psicológicas y físicas. Esta decisión os ayudaría a resolver los innumerables conflictos emocionales que conlleva la condición de haber llegado a ser un jugador de élite.

[No morir de éxito debe ser un objetivo prioritario cuando estés en la cumbre]

El crecimiento personal es necesario para cualquier ser humano. La esencia de uno mismo generalmente está escondida. Al no conocernos también ignoramos todo nuestro potencial, lo que hace que la evolución profesional, a pesar del esfuerzo diario, nunca llegue al 100% de sus posibilidades.

Nada revela de forma fiable el carácter de una persona, como su voz interior. Si a Gascoigne le hubieran mostrado la manera de poder escuchar la voz de su mente hubiera sabido ver que su fortaleza era mayor que su amor por el alcohol y obsesiones compulsivas.

RONALDINHO ALCANZÓ EL TRONO DEL FÚTBOL MUNDIAL COMO JUGADOR DEL BARCELONA

RONALDINHO

NUESTRO SIGUIENTE PROTAGONISTA ha sido uno de los mejores jugadores del mundo. Siempre destacó por su gran técnica y calidad a la hora de controlar el balón, así como también por la precisión en sus pases y los regates. Ronaldo de Asís Moreira, más conocido como Ronaldinho y apodado *Ronnie*, nació el 21 de marzo de 1980 en Porto Alegre (Brasil). Aunque debutó en su país natal, su carrera se ha desarrollado principalmente en Europa, donde ha militado en grandes clubes como Paris Saint-Germain, Barcelona y Milan.

Las malas lenguas periodísticas dijeron en su momento que el Real Madrid de los Galácticos cambió su idea de hacerse con el brasileño por el fichaje de David Beckham, de forma que el Barcelona fue premiado con el boleto de lotería al hacerse con la ficha del brasileño, a ritmo de samba y con una dentadura distribuida casi en dos filas, como la de un tiburón.

Ronaldinho brilló en el mundial de Corea del Sur-Japón 2002 al ritmo de patrones sonoros de tambores y serpentinas. No cabía otro modo en él.

Melena al viento, sonrisa desorganizada y cadera flexible como un bambú, esperó pacientemente que alguien le diera la oportunidad de demostrar lo que era capaz de hacer con dos pies y un balón. En el momento en que saltó al terreno de juego en los cuartos de final de aquel lejano Mundial, dejó a todos atónitos con un gol antológico de falta al portero de la selección que inventó el fútbol, el inglés David Seaman, quien sin entender lo que acababa de pasar situó sus brazos en jarras, símbolo universal de la impotencia absoluta.

Este sería el primer gol de muchos, ya que Ronaldinho demostró que aquel suceso no fue casual. Fue proclamado por la FIFA mejor jugador del mundo en los años 2004 y 2005, al igual que fue galardonado con el Balón de Oro ese mismo año, por la revista *France Football*.

CON ESTE GOL, RONALDINHO SE GANÓ LA OVACIÓN DE LA AFICIÓN DEL REAL MADRID EN EL MISMÍSIMO SANTIAGO BERNABÉU

La revista *World Soccer* lo premió como mejor jugador del mundo en 2004 y 2005, y más tarde también lo declaró mejor futbolista mundial de la primera década del siglo XXI. Pero además de estos reconocimientos, Ronaldinho posee el premio al futbolista más "fiestero" seguramente de todos los tiempos.

A *Ronnie* nadie le explicó la responsabilidad que exige el talento. Su caótica sonrisa lo delataba. Nunca le gustó el decreto ni la ley. Simplemente fue un jugador que derrochó sabiduría innata para el juego tanto dentro como fuera del campo.

Su talento pudo ser eterno pero se estrelló porque, como ya hemos visto en casos anteriores, cuando el disfraz de noche se pega al cuerpo, el de futbolista queda colgado en el armario del ostracismo.

Cada partido era un show de marionetas a su antojo. Tras su jornada digamos "profesional", el show seguía a ritmo de fiestas gloriosas, discotecas y mujeres hermosas fuera del campo de juego. Así que cuando Pep Guardiola llegó al banquillo del Barcelona prescindió de sus servicios, ya que el juego del ya ex astro brasileño se había visto afectado negativamente por tanto desenfreno. Aquel carnaval de vida había minado su físico, por lo que su gran talento se había disuelto. Con solo 28 años, Ronaldinho se había convertido en un veterano de guerra, había perdido la batalla del equilibrio entre su vida personal y la deportiva.

Por tanto, la noche ganó de nuevo, con sus neones que ciegan hasta los ojos más inteligentes. Una vez más, la búsqueda del placer sin control echó a perder una

RONALDINHO EN LOS BUENOS TIEMPOS: BALÓN DE ORO 2005

carrera que podría haber sido gloriosa durante un tiempo más largo. *Ronnie* dejó su disfraz de futbolista guardado en un armario, condenado a que una espesa capa de polvo escondiera un juego excepcional que solo duró cuatro años.

Tras cambiar Barcelona por Milán, su estrella siguió apagándose en el conjunto rojinegro, donde militó, con más pena que gloria, durante dos años y medio. Con sobrepeso y hundido moralmente, Ronaldinho volvió a su país, al Flamengo. Allí, apoyado por los suyos, recuperó de un modo muy discreto algo de aquel maravilloso jugador, ahora casi destruido. Pero nunca volvió a ser el mismo. Su entrega a la noche, superó siempre a su esfuerzo en el campo, y harto de tanta lucha interna, en abril de 2013 anunció que tras el Mundial de Brasil de 2014 se retiraría.

La anécdota que describe mejor el carácter fiestero de *Ronnie* tuvo lugar en Brasil, en su etapa en el Flamengo. El club, cansado de sus salidas nocturnas, decidió llamar al orden al jugador y le pidió que no saliera tantas noches a la semana, solicitándole más compromiso con el equipo, a lo que Ronaldinho se comprometió.

Pero sus palabras tenían truco. Tuvo la brillante idea de comprar la discoteca que había frente a su casa de Porto Alegre. Una vez adquirida, quiso construir un túnel que uniría su lugar de descanso con la sala de fiestas. De esta manera, el jugador podría campar a sus anchas entre su casa y la discoteca sin ser cazado por los flashes de la prensa y cámaras indiscretas, viviendo una doble vida frente a los ojos ciegos de los directivos del club. Sin embargo, el ayuntamiento echó por tierra

AL FINAL, LA "SAMBA" FUE MÁS FUERTE QUE EL "TRABALHAR", Y RONALDINHO ECHÓ POR LA BORDA SU GRAN TALENTO POR SU AFÁN EN NO RENUNCIAR A UNA VIDA DE FIESTAS INCOMPATIBLE CON EL FÚTBOL DEL MÁS ALTO NIVEL

los planes del jugador denegando los permisos porque contravenían la normativa vigente de la ciudad. Días más tarde, el canal SporTV desveló los propósitos del jugador, lo que provocó un gran revuelo en Brasil.

Es muy común que un ídolo del fútbol quiera seguir siendo el rey fuera del campo de juego. Esto puede deberse a un exceso de ego de un modo u otro. Al alimentar su ego con emociones tan fuertes la persona queda atrapada a merced de las necesidades del mismo, convirtiéndose en alguien irresponsable que olvida que en la vida lo importante es encontrar la excelencia en lo personal y en el trabajo, y no la búsqueda de fama y baños de masas.

Una saludable autoestima nos permite respetar nuestros propios deseos y también los de los demás. El ego debería ser como la hoja que mece el viento: cuando la autoestima se exacerba, la hoja quiere controlar al viento y mecerse donde ella quiere, no donde el viento la quiere llevar.

Al final, el descontrolado ego de *Ronnie* mató su talento, lo volvió adicto al sexo y a la fiesta y, finalmente, destruyó su imagen pública. El exceso de autoestima envenenó el mejor talento de la última década.

La vida loca y la fama destruyeron la inocencia de aquel niño de barrio que, en un principio, simplemente deseó jugar al fútbol en aquel Mundial de Corea y Japón de 2002, y que bailó a ritmo de samba para celebrar aquel maravilloso gol que marcó en la portería inglesa, con un portero en jarras que quedó aturdido por tanto talento. El problema es que la samba llegó a ser más importante que el fútbol.

Para finalizar este capítulo haremos un resumen de todos los aspectos que, siendo un deportista de élite, hay que cuidar. Aunque antes nos gustaría mencionar casos de otros deportistas de élite que, tras cometer errores garrafales con su traje de noche, han estado a punto de tirar por tierra toda una carrera deportiva.

BENZEMA Y RIBÈRY, EN UN PARTIDO DE LA SELECCIÓN FRANCESA DE FÚTBOL

Tenemos los casos de los futbolistas franceses **KARIM BENZEMA** (Real Madrid) y **FRANCK RIBÈRY** (Bayern de Múnich), que fueron acusados de pasar una noche de pasión con una prostituta menor de edad, aunque finalmente fueron absueltos del delito. El abogado de Ribèry comentó al finalizar el juicio: «Han sido cuatro años muy duros. Es muy difícil jugar bien al fútbol cuando pesa sobre ti una acusación como esta». Sin embargo, Benzema "recayó" de nuevo en 2015, cuando inició un suicidio profesional y social tras verse implicado en el caso del presunto chantaje a su compañero de selección Mathieu Valbuena con un vídeo sexual. El caso, que todavía está abierto en el momento de escribir este libro, ha tenido de momento la consecuencia para el jugador madridista de que la selección francesa, al mando de Didier Deschamps, ha prescindido de sus servicios hasta que no haya una resolución del caso. Noël Le Great, presidente de la Federación Francesa, explicó que Karim siempre ha sido una persona formidable y un gran jugador, pero su infortunio empezó al nacer en un barrio muy complicado y el error más grave que cometió fue no cambiar nunca de amistades.

MICHAEL PHELPS, UNO DE LOS MEJORES DEPORTISTAS DE LA HISTORIA, TAMBIÉN TUVO SU MOMENTO BAJO...

WORLD PICTURE EXCLUSIVE

PHELPS GOES BONG

Olympic gold medal winner caught with cannabis pipe

También podemos echar un vistazo al caso del nadador, recordman y mayor medallista olímpico de todos los tiempos (15 preseas de oro), el norteamericano **MICHAEL PHELPS**, que fue descubierto fumando marihuana en una pipa y, por esta razón, la Federación de Natación de su país le suspendió durante tres meses. Phelps aceptó voluntariamente el castigo y se comprometió a ganarse de nuevo la confianza de la afición, pidiendo perdón públicamente, con las siguientes palabras: «Tengo 23 años y, a pesar de mis éxitos en la natación, reconozco que aún he actuado como un niño de un modo inapropiado, no en la forma que espera la gente de mí».

Con esto, vemos que un solo fallo puede afectar al resto de tu carrera. Tenemos que tomar conciencia de nuestras acciones e intentar actuar inteligentemente, como hizo Phelps, ya que supo responsabilizarse de sus actos, disculpándose en público y limpiando así la imagen dañada frente a sus seguidores, los patrocinadores y sus compromisos publicitarios.

[Tu destino toma forma
en los momentos decisivos]

TONY ROBBINS
ESCRITOR ESPECIALIZADO EN AUTOAYUDA

POR LO TANTO...

- **SÉ CONSCIENTE** de esos momentos y no dejes que otros decidan por ti.
- **NO SIGAS IDEAS QUE OTROS TE IMPONGAN** y busca siempre un equilibrio emocional dentro y fuera del campo.
- **ESCUCHA** tu diálogo interno.
- **NO TE DEJES ATRAPAR** por un ego que crece sin control y disfruta de la noche sin olvidar que tienes esperando otros disfraces, como el de padre, hermano, marido, novio, amigo, profesional... en el armario mental.
- **SOPESA** siempre las consecuencias de tus actos.
- **ESCOGE** bien tu entorno de amistades.
- **APÓYATE EN PERSONAS** que llevan sus vidas desde el equilibrio.
- **SÉ HONESTO** con tus pensamientos.
- **MEDITA**.
- **TOMA CONCIENCIA** de la realidad.
- **ALÉJATE** de los pensamientos negativos que te hablan sin respeto, o que no respetan al resto de las personas con las que te relacionas.
- En definitiva, **NO OLVIDES** que tu vida será maravillosa y en ningún momento caótica si:
  - **CONTROLAS** tu adicción emocional.
  - Buscas **APOYO** especializado.
  - Realizas un correcto **DESARROLLO PERSONAL** y equilibras todos los personajes que forman tu "yo" más profundo.
  - Con el disfraz de noche debes aprender a **UTILIZAR EL DOLOR Y EL PLACER** en vez de permitir que el dolor y el placer te manejen a ti. Si puedes lograr esto tendrás el control de tu vida. Si no puedes, la vida te controlará y vivirás siempre a expensas de la suerte.
  - **TOMA EL CONTROL** y conscientemente, cuando tú decidas, suelta las bridas del gran caballo que es la vida.
  - Si en algún momento sientes que tu entorno más cercano te alerta de algo, **ESCUCHA**.
  - No dejes que tu exceso de ego **OCULTE LOS PELIGROS** a los que puedes enfrentarte, una vez que quede pegado tu traje de jugador y la noche a tu cuerpo, borrando de un plumazo las metas que te marcaste y por las que has luchado de una forma tan intensa y dura.
  - Y no olvides que **EL JUEGO DEBE CONTINUAR** cuando las luces del estadio se apaguen, pero cuando esto ocurra asegúrate de marcar las reglas tú.

LA FAMOSA ENTRADA DE DE JONG A XABI ALONSO EN LA FINAL DEL MUNDIAL DE SUDÁFRICA

> Aferrarse a la agresividad es como coger un carbón con la intención de arrojárselo a otra persona; el único que se quema eres tú mismo
>
> **BUDA**

CAPÍTULO DOS
EL JUGADOR Y LA AGRESIVIDAD

IRA, RABIA, ENFADO, CÓLERA, IRRITACIÓN, ENFADO... Todos estos términos, son sinónimo de un comportamiento agresivo. Pero hay límites en el fútbol, normas, leyes escritas y otras morales y éticas que protegen con mimo la primacía del *fair-play* y que se ocupan de regular los excesos de testosterona y mal manejo de la fuerza que nace de lo más profundo del juego. El deporte es competición y esta no es otra cosa que la lucha por ganar a un rival.

¿A qué te suena esto? A nosotros y a muchos entendidos en gestión de la agresividad en el deporte nos recuerda siempre a la herencia civilizada de la guerra y la batalla. Por lo tanto, no es de extrañar que la agresividad, en mayor o menor medida, siempre campe a sus anchas en el terreno de juego, al igual que lo haría en el fragor de una batalla.

Hay una gran semejanza entre el juego del fútbol y el combate. Por supuesto, en el deporte se habla siempre de una agresividad sana que no involucra la eliminación literal del otro contrincante, pero sí lo hace desde un punto de vista metafórico. La meta del juego siempre implica un final positivo, no tanto para el perdedor, claro, pero nadie pierde la vida, ni sufre heridas graves ni mutilaciones, ni estrés post-traumático tras un partido, por suerte para todos.

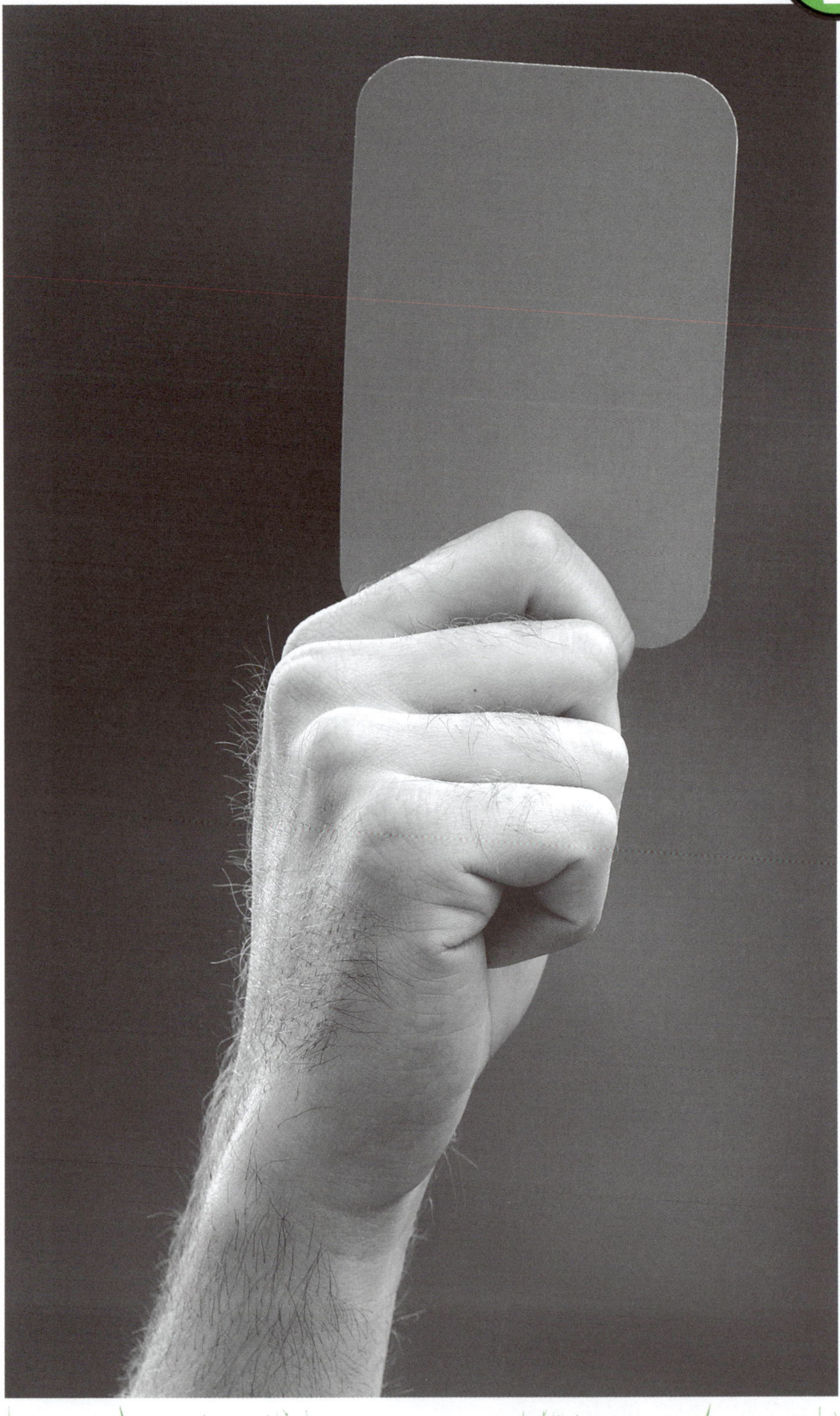

La agresividad en el deporte está asociada a la rivalidad, aunque no siempre dependa solo de este elemento. Vamos a intentar explicar, a través de casos reales, las razones por las que la agresividad aumenta en momentos en los que el jugador debería tener un control absoluto sobre sí mismo.

También queremos que entiendas que la gestión de la agresividad no significa tener que eliminarla de nuestro juego, ya que en algunos momentos su correcto manejo puede hacer mejor a un jugador en el terreno de juego. Por supuesto, el jugador necesita ser agresivo, luchador, ofensivo y creativo, grandes cualidades para la ejecución de las mejores jugadas. Sabemos que el jugador pasivo e indeciso dudará en un gran despliegue de juego o en una estrategia de gol. Necesitamos activar los comportamientos del futbolista para que luche con toda la fuerza y garra y así consiga llegar a culminar sus objetivos, y por ende los de su equipo.

Para ello debe prepararse para soportar, dentro de sus reglas, la acción retadora del rival. Y decimos rival, no enemigo. Esta sutil diferencia le da al juego una nueva visión: jugar con otro, y no contra otro. De este modo se aceptan las pequeñas diferencias, sin perder la identidad ni la capacidad de juego.

Si el rival se convierte en enemigo es más probable que la agresividad se desvíe de su meta y empecemos a canalizar las emociones por otros caminos más impulsivos como la vía motora o verbal. Cuando esto ocurre el árbitro comienza un baile de tarjetas que inmediatamente desequilibran el juego. No hay peor situación para un equipo que ser amputado por la temida tarjeta roja, ¿verdad?

Si sabes quién eres, lo que quieres y trabajas tu fortaleza mental, serás capaz de aguantar cualquier ataque rival hasta límites insospechados, sin olvidar tu objetivo. Simplemente tenemos que reflexionar, ponerle nombre a las emociones, desviar la energía negativa hacia canales positivos, demostrando así, nuestro poderío físico y mental. Que primen la inteligencia y la voluntad sobre las emociones fuera de control, dejando claro que con una agresividad sana no gana el que más pega, sino el que esquiva el golpe mejor y simplemente trabaja con agudeza para conseguir el gol.

A continuación, y como venimos haciendo a lo largo de todo el libro, para que entiendas mejor los conceptos que vamos explicando expondremos casos reales de futbolistas que han cedido un gran espacio a su agresividad insana, sufriendo el escarnio periodístico, empeorando su juego e imagen pública o simplemente perdiendo la oportunidad de jugar un partido completo al ver una tarjeta roja frente a sus ojos.

> Ojo por ojo y todo el mundo acabará ciego
>
> **MAHATMA GANDHI**
> **ABOGADO, PENSADOR Y POLÍTICO INDIO (1869-1948)**

ZIDANE HA SIDO SIN DUDA
EL ÚLTIMO GRAN "ARTISTA"
CON EL BALÓN EN LOS PIES

ZIDANE

ZINEDINE ZIDANE, también conocido como *Zizou*, nació en Marsella (Francia) el 23 de junio de 1972. Zinedine, de padres argelinos, con lo que ello conlleva en su ascendencia religiosa, está considerado en el mundo del periodismo deportivo y por sus propios compañeros el máximo referente del fútbol de mediados de los años 90 y principios del siglo XXI, así como uno de los mejores jugadores de todos los tiempos. Pelé y la FIFA realizaron la lista de los 125 jugadores vivos más grandes, en la que se incluyó al francés. También fue distinguido como Mejor Jugador del año FIFA en 1998, 2000 y 2003, además de ganar el prestigioso Balón de Oro en 1998. Elegido en 2011 mejor jugador de la Champions League de los últimos 20 años.

Centrocampista, *Zizou* se desenvolvió siempre con maestría en su posición de mediapunta. Su gran técnica, con una visión magistral del juego y magia en sus pies, con aquellos toques geniales, hicieron de este jugador un dios en el campo.

Un mes después de cumplir los 17 años, Zinedine Zidane debutó en la Primera división francesa con el Cannes. En 1992 fichó por el Girondins de Burdeos, uno de los clubes más importantes de Francia. Dos años después, debutó con la selección francesa, en un amistoso frente a la República Checa en el que metió dos goles.

Su carrera se desarrolló después en dos de los clubes más importantes de Europa: la Juventus de Turín y el Real Madrid. Lo ganó todo o casi todo en su carrera: Liga y Copa de Italia, Liga de España, la Champions League con el Real Madrid, la Copa Intercontinental y el Mundial'98 y la Eurocopa'2000 con la selección francesa. Una estable y productiva vida profesional que se ganó la admiración de los aficionados, prensa y resto de jugadores.

Pero nuestro querido *Zizou*, tan equilibrado, cerebral, educado, centrado, inteligente y con una magistral visión anticipada de jugadas, guardaba un pequeño fuego interno que, de vez en cuando, le hacía arder en el campo.

CON ESTA MARAVILLOSA VOLEA ZIDANE LE DIO LA NOVENA COPA DE EUROPA AL REAL MADRID EN 2002

Esos accesos de furia localizados consiguieron que un jugador con una trayectoria, tanto dentro como fuera del terreno de juego, brillante y transparente, quedara manchada por algunas trifulcas en las que estuvo involucrado. La más importante, la que más repercusión mediática y personal tuvo, tuvo lugar en la final del Mundial de Alemania'06 entre Italia y Francia. En este importantísimo encuentro, Zidane respondió a los insultos y provocaciones de Materazzi, defensa italiano, con un cabezazo en el pecho, lo que le valió la expulsión por roja directa en el último partido de su carrera como profesional. La imagen del cabezazo de Zidane ha quedado como uno de los iconos de la historia del fútbol.

Es muy triste que un deportista de su talla quede en la memoria de sus fans, periodistas y niños que lo admiraban, como un hombre que no puede controlar su furia y que, con razón o sin ella, dejó que su carrera profesional acabase con una roja directa nada menos que en la final de un Mundial.

Seguramente, el francés se habrá arrepentido de aquel arranque muchísimas veces, aunque a través de la prensa pidió perdón públicamente, pero nunca mostró

EL TRISTEMENTE FAMOSO CABEZAZO DE ZIDANE A MATERAZZI EN LA FINAL DEL MUNDIAL'06 EN ALEMANIA

ese arrepentimiento que, seguramente, subyace todavía en su subconsciente. Las palabras textuales del jugador, fueron escritas en periódicos de todo el mundo: «Me disculpo ante los niños que lo vieron», afirmó durante una entrevista en la cadena francesa Canal+. «Mi gesto no es perdonable (...). Por supuesto que no es un gesto a imitar. Tengo que decirlo alto y claro porque fue visto por dos o tres mil millones de telespectadores y millones de niños lo observaron. Inevitablemente me disculpo ante ellos y también ante las personas y profesores que están allí para educar a esos niños y mostrarles las cosas que deben y no deben hacer».

Pero Zidane, muy convencido, nunca se arrepintió de aquel acto. Aceptó el castigo, matizando que su agresión fue fruto de una provocación. Para él había un culpable claro: Materazzi. «Ya basta de sancionar siempre la reacción», comentó Zidane, preguntándose si «¿alguien puede pensar realmente que a diez minutos del final de mi carrera deseo cometer un gesto violento?».

No creo que *Zizou* deseara acabar de aquel modo, pero dejó que su emoción, su impulso guerrero, ganara esa batalla mental a pesar de todo. Aquella triste anécdota dio pie a muchos comentarios sobre aquel diálogo violento entre Materazzi y Zidane. Se habló de una mofa por parte del italiano sobre la vida sexual de la hermana de Zidane, y también insultos muy duros hacia su madre.

Sabemos que en frío suena ridículo jugarse la imagen pública a nivel mundial por acusaciones infundadas que, además, nadie excepto ellos dos podían escuchar. Pero cuando el nivel de testosterona y ansiedad está por las nubes (la jugada tuvo lugar en la prórroga de la final de un Mundial) es muy probable que a cualquiera nos hubiera ocurrido lo mismo.

Seguramente si a lo largo de su carrera *Zizou* hubiera tenido el apoyo de un profesional que le hubiera ayudado a gestionar sus emociones "cohete", los impulsos violentos aislados y su falta de perspectiva, la carrera del mejor jugador francés de la historia hubiera tenido un final exquisito, una despedida sin oscuridad, como él deseaba y había dejado bien planeado.

TRAS VER LA TARJETA ROJA, ZIDANE, UNO DE LOS MEJORES JUGADORES DE LA HISTORIA, SE DESPIDE DEL FÚTBOL

Sin embargo, lo que ha dejado esta acción aislada es un recuerdo turbio de la imagen de su juego y una estatua de aquel cabezazo a Materazzi que estuvo presidiendo el paseo marítimo de Doha (capital de Qatar), hasta que fue finalmente retirada. Recordemos que allí se celebrará el Mundial de fútbol en 2022.

¿Qué ocurre cuando un rival sabe que tienes esta debilidad por la que, cuando te provocan, caes en la trampa de la respuesta desmedida y de la violencia? ¿Cómo te ve el árbitro, antes incluso de comenzar el partido, cuando esta fama te precede? ¿Qué miedos puedes generar entre los miembros de tu propio equipo mientras se desarrolla el juego? Son preguntas que deberías hacerte porque, verdaderamente, las respuestas serían siempre las mismas, importando cero la calidad del jugador sobre el que se cuestione.

Cuando un rival conoce este punto débil, inevitablemente va a usarlo en tu contra, provocándote desde el minuto uno hasta que termine el encuentro, con la esperanza de poder acabar contigo a través de una tarjeta roja o simplemente haciendo que te desconcentres durante los 90 minutos, perturbando tu juego. Es una estrategia en la batalla por ganar. Un truco que usan muchos profesionales y que pocas veces queda sancionado, ya que solo termina teniendo problemas quien reacciona negativamente a estas provocaciones, y no quien está acosando física o verbalmente a su rival de modo discreto, pero continuo.

> La violencia no es fuerza, sino debilidad
>
> **BENEDETTO CROCE**
> **ESCRITOR, FILÓSOFO, HISTORIADOR Y POLÍTICO ITALIANO (1866-1952)**

Con una buena gestión emocional y desarrollando técnicas para controlar la ira, esta estrategia no sería de gran ayuda para tus contrincantes, quienes seguramente acabarían desesperados y frustrados por no conseguir sus objetivos, llevándoles a ser ellos los que cometieran el error de "vengarse" sobre el terreno de juego y siendo finalmente el cazador cazado.

Luego tienes el problema de la fama que creas en el campo, porque puede afectar a la visión del árbitro sobre tu persona, haciendo que esté más pendiente de tus errores y castigando tu conducta con más dureza porque ya eres un "sospechoso habitual" y, debido a esto, es posible que el juez del partido, te haga incluso responsable de acciones que no vengan de ti, sino de tu contrario. Todos sabemos que si una vez matas a un gato, siempre van a llamarte "matagatos". Bromas aparte, deberías plantearte también cómo afecta esta actitud al conjunto de tu equipo. Si continuamente, o de vez en cuando, tienes ataques de ira, tus compañeros de equipo van a jugar con la incertidumbre de tus actos, con el miedo a tus reacciones y sobre todo con menos fortaleza emocional y dudas. El miedo a que un equipo quede mutilado a través de una tarjeta roja hace que su juego sea menos dinámico, más constreñido, dejando de jugar en bloque y haciendo que se resquebraje.

Piensa en todo esto que acabamos de comentar, haz un balance de tu gestión emocional, pregúntate hasta qué punto tus arranques ayudan a tu juego o lo entorpecen y sobre todo nunca olvides que los jugadores no solo viven de su juego, sino también de su imagen pública, ya que un patrocinador no quiere una persona violenta en sus spots publicitarios.

Zidane no invirtió su tiempo en mejorar estos aspectos, y en el último partido de su carrera acabó no solo agrediendo a Materazzi, sino a su propia persona. Aquel golpe con la cabeza borró de un plumazo su juego magistral en aquel partido tan especial en su carrera, en el que incluso había marcado un penalti *a lo Panenka*.

SERGIO RAMOS, EN SU NUEVO "PAPEL" COMO CAPITÁN DEL REAL MADRID TRAS LA MARCHA DE IKER CASILLAS

SERGIO RAMOS

UNO DE LOS MEJORES JUGADORES españoles de los últimos años nació en Camas (Sevilla), el 30 de marzo de 1986. Se formó como futbolista en el Sevilla, camiseta con la que debutó en Primera división con tan solo 18 años, tan solo uno antes de ser fichado a base de talonario por el Real Madrid de Florentino Pérez. Su personalidad, abierta y arrolladora, lo ha convertido en uno de los jugadores con más influencia dentro de la jerarquía del club, y en 2015 se convirtió en su capitán. Su pundonor, garra y tesón hicieron que el mismo año que el Real Madrid lo acogió en sus filas, la selección española contara con su talento también, convirtiéndose en uno de los jugadores más jóvenes en debutar con *La Roja*. Y años después, Sergio fue uno de los pilares fundamentales de la España del histórico triplete: Eurocopa'08 - Mundial'10 - Eurocopa'12.

Sergio Ramos se desarrolla tanto de central como de lateral derecho de un modo magistral, y está considerado uno de los defensas con más corazón y garra de Europa. Destaca su espectacular poder físico, además de contar con un buen toque con la pierna derecha y soberbios disparos a larga distancia. Es uno de los defensas más goleadores, gracias sobre todo a la potencia de su juego aéreo, y si no que se lo digan al Atlético de Madrid, que por culpa del gol de cabeza del sevillano, en el descuento de la final de la Champions de 2014, no se proclamó campeón de Europa.

Sin embargo, el de Camas también destaca por la excesiva acumulación de tarjetas sobre el terreno de juego. Este problema, de hecho, le hace poseedor de un récord dentro del Real Madrid. Sergio Ramos es el jugador del equipo blanco que más tarjetas rojas ha visto en la Liga Española. El récord, que ostentaba anteriormente Fernando Hierro, era de 14 expulsiones en 439 encuentros. Ramos ya lleva 13 por doble amonestación y 6 por roja directa en tan solo 323 partidos, un récord que desde luego no es justificable por su posición en el centro de la defensa blanca.

HASTA DICIEMBRE DE 2015, SERGIO RAMOS HA VISTO NADA MENOS QUE 19 TARJETAS ROJAS CON EL REAL MADRID

Sin embargo, fuera del terreno de juego Sergio Ramos no tiene fama de peleón. La principal anécdota negativa reseñable en este sentido es la agresión a un periodista en un pub, por lo que el jugador madridista fue condenado a pagar a la víctima la cantidad de 6000 euros.

El suceso ocurrió en 2008 en Córdoba. Un reportero que se encontraba trabajando en la ciudad andaluza vio acercarse al establecimiento a los jugadores de la selección nacional de fútbol David Villa, Pepe Reina y Sergio Ramos, quienes entraron en el local sin responder a las preguntas del reportero. Al verlos entrar, el futuro denunciante entró a su vez en el establecimiento para solicitar al dueño del bar, con el que tenía un acuerdo comercial, grabar imágenes en el interior, a lo este respondió que les pidiera autorización a los futbolistas.

A Villa y a Reina no les importó ser grabados, pero cuando el reportero preguntó a Ramos empezaron los problemas, ya que el jugador merengue se negó a ello. El periodista insistió con ahínco, hablando al de Camas de su trabajo y preguntando sin cesar por las razones de su negativa. El jugador siguió empeñado en denegar la petición y tuvo la desafortunada acción de acompañar estas palabras con un leve empujón. Hubo más palabras entre los dos, cada vez más subidas de tono, hasta que Ramos le golpeó en la nariz. El reportero, con diversas magulladuras, salió del local y denunció los hechos. Las heridas tardaron tres días en curar.

Como decíamos antes, exceptuando casos aislados como este, Sergio Ramos, nunca ha sido un hombre con arranques violentos ni salidas de tono fuera del campo de juego. Pero sobre el césped es el rey de los saraos con testosterona. Curiosamente, lo más significativo del historial de Sergio Ramos es que con la selección española, ha disputado hasta diciembre de 2015 130 partidos, sin ver ni una sola tarjeta roja. Solo con canalizar, controlar, revisar y ser consciente de ese vigor que a veces le desborda y le hace perder los papeles, Sergio Ramos podría poner fin fácilmente a este problema.

[La agresividad no es más que una expresión del miedo]

Existen multitud de herramientas que podrían ayudar a futbolistas con este tipo de carácter "peleón" a gestionar sus subidas de testosterona. Solo con la mente se puede calmar la furia, es el único modo. Pero a este estado de control no se accede por casualidad ni ciencia infusa. No solo basta con conocer las herramientas, también hay que integrarlas en el comportamiento y tomar consciencia de esa emoción desbordada a través de la práctica.

Digamos que Sergio Ramos pone corazón no solo en el juego, sino también en sus reacciones desmedidas fuera del césped. Esta cuestión hace que su imagen se desvirtúe en el terreno de juego poniendo en riesgo el marcador de su equipo. Además, tras tanta tarjeta todo árbitro va a estar ojo avizor respecto a la intensidad con que el de Camas se va a emplear en cada jugada.

Ramos ya es consciente de eso también y en una entrevista a un medio de comunicación, tras un partido ante el Rayo, declaró: «Es muy fácil echarme. No sé si por los antecedentes o por el cartel. Es preocupante. En Eurocopa, Mundial y Champions el arbitraje es otro».

Así queda demostrado que inevitablemente, cuando eres uno de los "chicos malos" habituales, tu imagen frente a quien va a realizar el arbitraje queda destruida. Como recuerda el especialista en estadísticas Mister Chip, Ramos ya es el jugador español con más expulsiones en la Champions League (3) y se queda a solo una del récord del holandés Edgar Davids.

Esperemos que la madurez deportiva y personal de Sergio Ramos le otorguen los récords que de verdad corresponden a un jugador de su talla y que pueda encontrar ese control emocional que tanto la afición como sus propios compañeros de vestuario seguramente anhelan.

PEPE

KÉPLER LAVERÁN LIMA FERREIRA, más conocido como *Pepe*, nació en Maceió (Brasil) el 26 de febrero de 1986. Este futbolista brasileño, nacionalizado portugués e internacional con la selección ibérica, es el siguiente "premiado" en este capítulo por perder los papeles sobre el terreno de juego en mulitud de ocasiones.

Para la historia quedará como jugador del Real Madrid, aunque su carrera comenzó en el Corinthians Alagoano de su ciudad natal. Después jugó en clubes de segundo nivel en Portugal, hasta llegar al Marítimo en 2001. De allí pasó a vestir la camiseta del Oporto, hasta que en 2005 el conjunto blanco llamó a su puerta.

Pepe es un gran defensa central. Sus dotes futbolísticas se basan en una gran potencia, un excelente tiro de media distancia y gran maestría en el juego de cabeza frente a la portería contraria. Además, de vez en cuando construye jugadas más propias de un delantero por sus rápidas incorporaciones al ataque.

De nuevo estamos frente a un futbolista energético, con gallardía e impetuoso, herramientas que benefician al juego en el campo, siempre y cuando estén bajo control y sean correctamente usadas. De otro modo, ocurren cosas como las que vamos a describir ahora.

En el año 2009, el Comité de Disciplina de la Real Federación Española de Fútbol sancionó a Pepe con nada menos que diez partidos de suspensión por el episodio de la famosa agresión que protagonizó durante el choque de su equipo con el Getafe. Pepe fue expulsado por empujar por la espalda a Javier Casquero, jugador del Getafe, abortando una ocasión manifiesta de gol del conjunto del sur de Madrid. Una vez Casquero en el suelo, y con el juego detenido, el jugador portugués le propinó una escalofriante patada en la espalda y un puñetazo en la cara a otro de los jugadores del Getafe, Albín, que había acudido a auxiliar al indefenso Casquero, que soportaba tirado en el suelo la avalancha de golpes por parte de Pepe.

LA SALVAJE AGRESIÓN DE PEPE A CASQUERO QUE LE COSTÓ NADA MENOS QUE 10 PARTIDOS DE SUSPENSIÓN

El defensa madridista, cuando abandonó el terreno de juego, se dirigió al cuarto árbitro con la siguiente frase: «Sois todos unos hijos de puta». Pepe, no satisfecho con su cobarde acción, declaró posteriormente a la prensa que la agresión a Casquero estaba justificada por las continuas rencillas con el centrocampista azulón.

De esta última declaración sacamos varias conclusiones:

1. Que Pepe no sintió arrepentimiento.
2. Que a partir del momento en que declara eso, el resto de adversarios van a saber cómo amputar a su rival blanco: sacando a Pepe de sus casillas.
3. Que Pepe, claramente y de forma urgente, necesita aprender a gestionar su ira y rabia dentro del campo con la ayuda de un profesional.

POR LO TANTO...

A nosotros, desde nuestra experiencia con jugadores que han padecido este habitual exceso de testosterona, os daríamos unos simples consejos para empezar a controlar estas emociones tan fuertes y negativas que, por otro lado, bien gestionadas, pueden ser de gran ayuda sobre el terreno de juego.

- Lo primero es hacerse una pregunta muy simple, **¿QUÉ SITUACIONES TE GENERAN IRA?** Una vez localizadas en tu mente, intenta registrar esos momentos para trabajar en ellos. Sé realista. Dales el valor en una escala del 1 al 10, desde el raciocinio. De este modo irás viendo que tampoco es para tanto el significado real de esas circunstancias que, en el pasado, nos han hecho perder los papeles y han ennegrecido episodios profesionales que deberían haber brillado con colores menos oscuros.
- **BUSCA POSIBLES SOLUCIONES.** Piensa en esas situaciones que desencadenaron tu ira, y trata de reflexionar cuál hubiera sido la forma adecuada para reaccionar.
- Algo tan simple como **TRATAR DE SER POSITIVO** y tomarte la situación con humor es una herramienta simple e inteligente.
- Si cambias tu manera de **ACEPTAR LO QUE OCURRE A TU ALREDEDOR**, te darás cuenta de que lo que ocurre muchas veces no es tan negativo y podrás darle la vuelta al problema, viendo soluciones, cuando antes no había más que malos sentimientos que te cegaban.
- Controlar tu ira significa **TOMAR LAS RIENDAS DE TU VIDA** en situaciones extremas. Con este control emocional notarás el cambio.
- Algo que tienes que introducir como hábito fundamental en tu **HIGIENE PSÍQUICA DIARIA**, sin duda, es la meditación. Respirar, relajar cada uno de tus músculos corporales, reedirigir los pensamientos con control y así, disminuirás tu nivel de estrés.
- Si Pepe reservara un pequeño espacio diario para **TRABAJAR ESTOS ASPECTOS**, seguramente, nunca lo volverían a sancionar de un modo tan duro y su nivel de ira se reduciría y se transformaría en energía y concentración en el propio juego.

La ira es una emoción necesaria y que afecta a todo ser humano. Es primaria, porque se necesita para sobrevivir. Podemos distinguir tres propósitos para los que sirve este estado emocional: la regulación rápida de defensa y ataque, potenciar nuestro ego y nuestra interacción con la sociedad.

Además de primaria, también es una emoción global, ya que cualquier persona la experimenta en un grado u otro. Ahora bien, cuando la ira se adueña de nosotros pasamos de ser personas racionales a seres impulsivos, sin control. Puras bestias.

Debemos adquirir herramientas para controlar estos huracanes emocionales. Es necesario sobre el terreno de juego que el animal que llevas dentro solo salga a pasear cuando tú, conscientemente, lo necesites.

EL BÚLGARO HRISTO STOICHKOV FUE OTRO GRAN JUGADOR AL QUE SU EXCESIVA AGRESIVIDAD LE JUGÓ MALAS PASADAS

EL ALEMÁN OLIVER KHAN, LA AGRESIVIDAD PERSONIFICADA EN LA PORTERÍA

Hay una conexión directa entre nuestros pensamientos y las emociones. Las situaciones de gran estrés, como las que acontecen en partidos de gran importancia, generan a veces situaciones de frustración en el jugador. En ese instante de alto voltaje emocional es cuando nos inundan los pensamientos agresivos. Tenemos un diálogo interno que, en general, es muy crítico y continuamente distorsiona la realidad. Si nos vemos empujados por esta cascada descontrolada de frases en nuestro interior, nada positivas, las acciones que tomaremos con esta confusion interna irán acompañadas de agresividad.

Aunque hay estudios que dicen que si la ira que provocan determinadas experiencias personales o hechos externos no se expresa, puede ser perjudicial para la salud cardiovascular. Pero esto no es excusa para, a las primeras de cambio, propinar un golpe al compañero.

Enojarse, entrar en barrena, o simplemente enfadarse por algún hecho ocurrido, no es el problema. El conflicto aparece cuando continuamente pierdes los papeles y el control de tu carácter explosivo. Verás que actúas equivocadamente cuando en tus mismas circunstancias el resto de la gente nunca se enfadaría. Así que en esos momentos de "subidón" debemos aceptar esa emoción, equilibrarla, buscarle una solución con la menor agresividad, reevaluar positivamente el problema, recurrir al sentido del humor, distraerse y ante los primeros indicios de tensión tomarse unos segundos y respirar profundamente. De este modo podemos intentar que no nos afecte demasiado la situación que estamos viviendo frente a algún compañero sobre el terreno de juego.

Estas emociones incendiarias destruyen la capacidad de vivir con dignidad y llegar a un estado de excelencia en nuestro juego. Cuando culpamos a los demás de nuestra ira o nuestra agresividad desmedida nos convertimos en víctimas de nuestras emociones ya que, al no reconocer nuestra responsabilidad, cerramos la puerta al cambio y al control emocional pleno.

Una persona agresiva intoxica su mente con pensamientos negativos y autodestructivos. ¿Cómo podemos pretender llegar a ser un jugador que vive en la excelencia con esta convulsión interna?

Un jugador impredecible es una bomba de relojería. Un volcán semidormido. Un elemento que puede generar un conflicto en el campo y poner en apuros a su equipo. Las emociones viajan de persona a persona como si fueran un virus. La agresividad es una emoción contagiosa. Así que si pierdes los papeles durante un partido, tus emociones contagiarán al resto, poniendo en peligro el equilibrio mental de casi todos los jugadores.

[La agresividad empieza con la locura y acaba con el arrepentimiento]

H.G. BOHN
EDITOR BRITÁNICO (1796-1884)

Es decir, las emociones que transportáis al terreno de juego no solo son imposibles de aislar, sino que además, van a propagarse. Y os aseguramos que el verdadero problema no es este que comentamos, sino que reside en que, una vez contagiados por las emociones ajenas, vamos a emprender acciones que se generarán a partir de este nuevo contagio emocional. Estas acciones influenciadas, sin la adecuada valoración, nos harán perder oportunidades en el terreno de juego. Sobre todo la mayor oportunidad de, simplemente, hacer las cosas bien.

Si comienzas un trabajo desde tu parte más interna, hacia la externa, tomarás consciencia de esos procesos intrínsecos y pondrás en marcha planes de acción que nacerán de esa nueva consciencia que tienes de ti mismo.

Intenta siempre gestionar el mecanismo más básico de la mente del ser humano, que es la emoción, y sácale el mayor beneficio.

Los casos que hemos descrito en este capítulo tan importante podrían haberse controlado o simplemente evitado si se hubieran trabajado las emociones descontroladas en momentos de estrés y acción deportiva en la batalla que es cada partido.

LA CARRERA DE MARCO VAN BASTEN TERMINÓ ANTES DE TIEMPO POR LAS LESIONES

> [Tanto si crees que puedes como que no puedes, tienes razón]
>
> **HENRY FORD**
> **FUNDADOR DE FORD MOTOR COMPANY (EE.UU., 1863-1947)**

CAPÍTULO TRES
EL JUGADOR Y LAS LESIONES

HAY MOMENTOS EN LA VIDA en que las circunstancias ponen a prueba la resistencia tanto mental como física.Nadie sabe el momento en el que le va a tocar superar un trance o situación complicada. Pero el futbolista siempre es consciente que ese momento puede llegar cuando menos se lo espera. En un entrenamiento, en un partido... A veces lo difícil no es el tipo de lesión que acabemos teniendo y el dolor que nos suponga, sino el tiempo de convalecencia y las opciones de recuperación total que el médico estime.

Para este capítulo le he pedido a mi compañero de autoría, Ángel, que me deje un espacio para que os pueda contar en las siguientes líneas, y en primera persona, algo que me ocurrió hace unos años y que va a servir de ejemplo de cómo la mente y la fuerza interior pueden lograr que los estudios clínicos y las probabilidades de recuperación que figuran en las frías tablas estadísticas pierdan su valor real.

Como os decía, hace unos años caí repentinamente muy enferma. Cuando digo muy enferma, me refiero a que un virus, concretamente, una mutación africana de la escarlatina, puso a mi cuerpo en un límite casi insuperable de dolor y gravedad. La fiebre de 40 grados, los dolores de cabeza, incluso la pérdida de consciencia... no fueron nada para lo que todavía me quedaba por sufrir.

EL BRASILEÑO RONALDO SE VIO OBLIGADO A SUPERAR DOS GRAVÍSIMAS LESIONES DE RODILLA CASI CONSECUTIVAS

Yo era una mujer sana, deportista, bien alimentada, madre de un niño pequeño y me dedicaba a tiempo completo a tocar el piano, el violonchelo y a componer bandas sonoras para cine y televisión. Tenía mucho estrés en aquella época y cuando tuve el encuentro con aquel virus, mi cuerpo seguramente no se encontraba en el mejor momento de fortaleza física debido al trabajo y a las vicisitudes de la vida.

Enfermé. Al principio con síntomas de gripe; luego, pasados unos días, sentí que me moría y decidí ir al hospital. Una vez allí, los médicos me dijeron que mi estado era grave y que debía quedarme hasta saber qué me pasaba.

Durante muchos días mi salud no mejoró; todo lo contrario, empeoró y una mañana, a eso de las ocho, me desperté con un dolor muy intenso en la columna vertebral. Un dolor indescriptible que puso en riesgo el estado de mi corazón. Durante 48 horas sentí como si alguien estuviera torturándome, clavando agujas a lo largo de la columna, nervios y músculos de la espalda. Pasados esos dos días el dolor remitió un poco y amanecí con una sensación positiva que me decía que estaba empezando a mejorar. Hasta que me quise levantar de aquella cama y me di cuenta de que la parte superior derecha del cuerpo estaba entumecida, casi sin vida, inerte.

Sentí miedo y angustia y llamé a una enfermera. Os podréis imaginar que me hicieron todo tipo de pruebas... sin llegar a ninguna conclusión. No detectaban qué tipo de virus campaba a sus anchas por de mi cuerpo, y lo único que se podía hacer era esperar y rezar para que no paralizara más partes musculares y nerviosas, o peor, que no hiciera lo propio con órganos internos, ya que eso podía suponer el final de mi vida.

Recuerdo que llegué a no sentir, siquiera, sensibilidad en la piel de mi brazo derecho. Paralizó completamente todo mi plexo braquial y parte del lumbar. Aquel brazo colgaba de mi hombro como si fuera un animal muerto al que le han dado caza. Solo tres pensamientos llegaron a mi cabeza: el primero, que ya no podría coger a mi hijo en brazos, ni nadar con él; el segundo, que jamás volvería a tocar el piano ni el violonchelo. Pero mi mente generó automáticamente un tercer pensamiento que pedía calma y tranquilidad, porque esa situación sería pasajera.

Tiempo más tarde, una vez fuera de peligro, pero con mi brazo paralizado y mi pierna derecha en grave estado, me mandaron a casa con un espantoso pronóstico: nunca volvería a recuperar el movimiento. Como mucho, y contando con la suerte a mi favor, podría recuperar un poco de actividad en mis dedos, o simplemente un poco de sensibilidad en las yemas de los mismos. Ese era el pronóstico en lesiones como la mía. Eso decían las estadísticas.

Curiosamente, no lloré. No sentí jamás que eso fuera a ser permanente. No me vi incapacitada para el resto de mi vida. Eso no me podía pasar a mí, que era una mujer llena de vida y joven.

Comencé un trabajo diario de rehabilitación. Duro y doloroso. Pero el tiempo pasaba y nada cambiaba en mí. El brazo seguía colgando, y la mente comenzó a perderse en la angustia que me generaba esa situación.

Mi cuñada me contó que conocía a un fisioterapeuta al que le había hablado de mi caso. Y allí, en su centro de rehabilitación, comenzó a gestarse el milagro que estaba por llegar. Aquella persona me habló de dos tipos de rehabilitaciones: una para la parte física y otra para la mente. Empezó a usar conmigo herramientas de Programación Neuro Lingüística (PNL), hipnosis, *Coaching* y sistemas de rehabilitación neuronerviosa y neuronal.

Ya llevaba un año con la parálisis, pero confié en él, en mí, en la fuerza de la mente. Descubrí que en mi interior dormía una fiera que a través de estas técnicas se despertó. Y el milagro, por fin, llegó.

Un día, mi hijo quiso nadar en la piscina, pero no había nadie para ocuparse de él. Le puse los manguitos y me senté en las escaleras de la orilla. Se alejó de mí demasiado y me entró miedo. Bajé con cuidado e intenté nadar como pude hasta él. Cuando me quise dar cuenta, vi cómo mi brazo derecho hacía un poco de movimiento bajo el agua. Saqué al pequeño de la piscina e intenté mover de nuevo el brazo ya en la superficie. Con mucho esfuerzo logré despegarlo de mi cuerpo unos centímetros. A partir de ese momento los avances fueron enormes y a los tres meses de aquella zambullida en la piscina pude coger en brazos a mi pequeño, conducir el coche y volver a tocar el piano y el violonchelo.

Un equipo de grandes neurólogos había llegado a un diagnóstico que, a día de hoy, ya no tiene valor para mí, porque si alguien (por ejemplo yo) fue capaz de romper esa estadística, cualquier persona es igual de apta para superar esa lesión.

[No todo lo que afrontamos puede cambiarse fácilmente. Pero nada puede ser cambiado si no lo afrontamos.]

JAMES BALDWIN
ESCRITOR Y ACTIVISTA (EE.UU., 1924-1987)

La mente es un motor tan potente que hasta que no la trabajamos no le damos crédito, no la desbloqueamos ni nos concienciamos de su fuerza. En definitiva, no sacamos el rendimiento real de su capacidad total.

Tan fascinada quedé con aquella manera de trabajo mental que mi fisioterapeuta usó conmigo que decidí estudiar y formarme en ayudar a otras personas en su crecimiento personal. Me sentí en la obligación de ayudar a otros con problemas físicos de la índole que fuera, como hicieron conmigo, y de este modo me convertí en lo que hoy soy.

Con todo esto que os he contado quiero haceros entender que no creáis nunca del todo lo que un traumatólogo os diga sobre una lesión, ya que ellos trabajan con estadísticas que hacen referencia a mucha gente en idéntica situación a la que yo me encontraba antes de conocer a mi rehabilitador mental. Fríos números desconocedores de su capacidad total interna. Por lo tanto, si trabajas esa parte estarás fuera de esos números y pronósticos, como logré estar yo.

A continuación vamos a desglosar con Ángel algunos casos de lesionados en el mundo del fútbol de élite y hablaremos de los mecanismos que se pueden usar para que la recuperación sea más rápida y para que el tiempo de convalecencia no mine el espíritu optimista que todos debemos tener siempre.

MESSI, CINCO BALONES DE ORO; NO HAY MÁS PALABRAS

LIONEL ANDRÉS MESSI CUCCITTINI, más conocido como Leo Messi y apodado *la Pulga*, nació en Rosario (Argentina) el 24 de junio de 1987. Messi, comenzó a destacar en esto del fútbol a una edad temprana, lo que le hizo ser captado por el Barcelona a la temprana edad de 13 años. El club catalán le ofreció, además de la formación futbolística, el tratamiento que necesitaba para un problema hormonal que le impedía un correcto crecimiento. Tres años más tarde, Messi se convirtió, a los 16, en el jugador más joven que debutaba con la camiseta azulgrana en un encuentro de la Liga española.

En la temporada 2008-2009, primera de Pep Guardiola en el banquillo del Barcelona, Leo Messi ganó su primer Balón de Oro y fue pieza clave en el histórico sextete del conjunto azulgrana. En la temporada siguiente, Leo ganó su primera Bota de Oro con un total de 34 goles.

Durante 87 años, el escocés nacionalizado norteamericano Archie Stark mantuvo el récord mundial de goles oficiales en una misma temporada gracias a sus 70 goles en la temporada 1924-25 con la camiseta del desaparecido Bethlehem Steel, de la American Soccer League (ASL), hasta que llegó el astro argentino y lo fulminó con sus 73 tantos anotados en la temporada 2011-12.

En total, gracias a su juego rabioso, rápido e inteligente, Leo Messi ha acumulado, hasta hoy, entre otros muchos premios, cinco Balones de Oro (2009, 2010, 2011, 2012 y 2015) y tres Botas de Oro (2009-10, 2011-12 y 2012-13), además de acumular con el Barcelona, entre otros títulos, nada menos que cuatro Champions.

En definitiva, Messi está considerado por expertos, entrenadores y colegas como uno de los mejores jugadores de fútbol de todos los tiempos. La prensa deportiva y las federaciones internacionales lo reconocen como tal, y el argentino ya juega la "Liga histórica" frente a los mitos Pelé, Di Stéfano o Johan Cruyff.

Tras conseguir todos estos triunfos y catapultar su vida profesional a lo más alto, nuestro admirado Messi ha encontrado un talón de Aquiles en su vida: las lesiones. Según declaró el preparador físico del técnico argentino Carlos Bianchi, Juan Manuel Alfano, muchos jugadores se lesionan por estrés y presión.

Nosotros añadiríamos que también se lesionan por conducta, mala gestión de ese esfuerzo diario y por una sensación, muy propia a esa edad, que les hace creerse invencibles, poniendo el cuerpo al límite y desafiando los consejos de los profesionales en medicina y recuperación física.

Para Messi, el comienzo de la temporada 2013-14 fueron unos meses complicados. Fue puesto en el disparadero por la Hacienda pública en España, acusado de tres presuntos delitos de fraude fiscal, por los que tuvo que pagar cinco millones de euros. A este complicado momento personal le acompañó una lesión sufrida en el bíceps femoral de la pierna izquierda que no era nueva. Por tercera vez, esta zona de su cuerpo quedaba dañada. Fue una lesión dura, por la que tuvo que estar dos meses fuera de los terrenos de juego. Su entrenador en el Barcelona por aquel entonces, su compatriota el *Tata* Martino, declaró lo siguiente: «Tendremos que hablar con Leo para ver si siente intranquilidad, porque bien es cierto que lleva un tercer episodio y puede en algún momento influir en su cabeza».

Nosotros nos atrevemos a afirmar que la intranquilidad ya está sin duda instalada en la mente de Leo, y más tras la nueva lesión que sufrió a principios de la temporada 2015-16. De hecho, los directivos seguramente pensaron lo mismo, al darle un periodo de recuperación mayor al necesario en lesiones como la suya.

Es cierto que la rotura en 2013 estuvo localizada en el bíceps femoral de su pierna izquierda. Un músculo muy castigado, tanto en esa pierna como en la derecha. Sin embargo, la lesión se halló localizada en la parte inferior del músculo, lejos de donde anteriormente había tenido otros percances. La rotura no fue de gran longitud y la recuperación podría haber durado menos tiempo que aquellos dos meses. Pero seguramente tanto los facultativos como los directivos del club quisieron ser muy prudentes, y por eso se fijó el periodo de baja en ocho semanas.

Parte de aquella recuperación la realizó en España, y luego viajó a Argentina para estar rodeado de los suyos. Por lo tanto, los directivos del Barça sabían que el as de su equipo necesitaba un descanso mental para una recuperación completa.

En el año 2015 Hacienda acusó de nuevo al jugador de defraudar 4,1 millones de euros y pidió 22 meses cárcel para el jugador y su padre, Jorge Messi, pues según este organismo, el argentino evitó pagar impuestos «de forma consciente y voluntaria». Aunque no vamos a entrar en juicios a nivel legislativo, esperemos que este nuevo varapalo en su vida personal no le haga volver a entrar en un estado de ansiedad que le pueda provocar otra lesión.

RONALDINHO, OTRO DE LOS PROTAGONISTAS DE ESTE LIBRO, FUE DE ALGUNA FORMA EL MAESTRO FUTBOLÍSTICO DE LEO MESSI EN EL TIEMPO EN QUE AMBOS COINCIDIERON EN EL BARCELONA, UNO COMO ESTRELLA "TITULAR" Y EL OTRO COMO ASTRO "EMERGENTE"

[Cuando se sufren lesiones, inevitablemente, se experimentan cambios en el entorno deportivo y en la vida personal]

¿Qué puede pasar por la mente de un jugador cuando se lesiona hasta tres veces la misma parte de su extremidad, o cualquier otra parte del cuerpo, como le pasó a Leo Messi? La realidad es que cuando se lesiona cualquier parte del cuerpo también nuestra mente queda, en mayor o menor medida, dañada. Cuando la lesión es reiterada, la psiqué, sin duda alguna, necesita rehabilitación y atención al igual que buscamos ayuda para que un médico sane nuestra herida física y evite que podamos sufrir otro percance por una rehabilitación deficiente.

Aquí aparecen varios factores que perturban la mente. Al estar el jugador lesionado, tiene demasiado tiempo libre, se siente inútil, abatido y desorientado y en este ir y venir de pensamientos negativos el temor arraiga en la persona.

El miedo es un factor paralizador. Pondremos un ejemplo simple y común: cuando todavía erais adolescentes y os gustaba una persona, seguramente el pánico al rechazo o la vergüenza a mostrar vuestros sentimientos en voz alta os hacía guardar ese amor en la intimidad de vuestra mente, impidiendo que pudierais confesaros a la persona por la que habíais perdido la cabeza. A eso nos referimos. El miedo bloquea la acción, determinante en una recuperación. Además, si por fin salimos del bache y la lesión sana completamente, al no rehabilitar el daño mental el modo de actuar y jugar va a estar subyugado por el poder del miedo a volver a sufrir una lesión en los posteriores entrenamientos y partidos. Por lo tanto, seguramente nos vamos a mover de otro modo tratando de proteger la zona herida. Esto puede acarrear problemas en músculos periféricos puesto que se van a cargar con un sobremovimiento y peso diferentes a los que están acostumbrados a soportar.

Otro factor que ha podido influir negativamente en el porqué de las lesiones de Leo y su posterior recuperación han podido ser sus problemas personales, como al que nos hemos referido antes con Hacienda. La mala gestión del estrés y la ansiedad cuando desarrollas cualquier deporte, sobre todo a nivel profesional, puede hacer que pierdas mucha capacidad de concentración. Esta falta de atención, unida a un aumento de estrés a nivel muscular en la práctica de cualquier deporte, puede provocar que aumente la posibilidad de lesiones en entrenamientos y partidos.

¿Cómo se puede entrenar la parte psicológica en el deporte? Debes aprender a estructurar bien tu modo de pensar para conseguir una buena gestión nerviosa. Con

LA LESIÓN DE MESSI AL INICIO DE LA TEMPORADA 2015-16

esto queremos decir que necesitas una estrategia para conducir tu atención plena en la dirección que tú marques, y no dejar que tus emociones controlen tu cuerpo. Conseguirás de este modo concentrarte muchísimo mejor y no cometerás errores que, bajo presión, podrían provocar lesiones importantes en tu cuerpo. Impide que la ansiedad se instale en tu mente.

También hay que tener en cuenta un factor muy importante, que es la recuperación tras la lesión. Para este problema existen numerosas prácticas que pueden ayudar a crear una fortaleza en el individuo, superior a la que cree que posee.

Finalmente, deportistas con alta ansiedad competitiva tienden a lesionarse con mayor frecuencia.

Creemos que después de leer estas posibles causas de lesión habrás comprendido que, al conocer, desarrollar e integrar las rutinas diarias, poniendo en práctica todos los conocimentos sobre la gestión de la ansiedad y del estrés, mejorará tu rendimiento en cualquiera de las disciplinas deportivas que quieras practicar.

Vas a lograr, si sigues nuestros consejos, prevenir las lesiones y, en caso de ya sufrirlas, recuperarte de manera exitosa. Esperamos que jugadores como Leo Messi, hayan contado con estas herramientas, necesarias para una completa recuperación.

MARCO VAN BASTEN, ESTRELLA DE AQUEL EQUIPO DE ENSUEÑO QUE FUE EL MILAN DE LOS 90

VAN BASTEN

MARCEL VAN BASTEN, mundialmente conocido por Marco Van Basten, genial jugador con tobillos de cristal, nació en Utrecht (Holanda), el 31 de octubre de 1964. Con tan solo 17 años de edad, el club más importante de la historia de Holanda, el Ajax de Ámsterdam, llamó a su puerta. En la capital neerlandesa ganó una Recopa de Europa. Y seis años después, en 1987, Van Basten recaló en el que sería equipo de su vida, el mítico Milan de Arrigo Sacchi, junto a sus compatriotas Ruud Gullit y Frank Rijkaard. En el conjunto rossonero Van Basten marcó una época ganando dos Copas de Europa y dos Copas Intercontinentales, además de proclamarse campeón de la Eurocopa con Holanda en 1988. Pero allí también, en la capital lombarda, comenzaron los problemas de Van Basten con las lesiones.

En 1986, militando aún en el Ajax, Marco tuvo que ser operado del tobillo derecho, lo que le supuso una larga temporada alejado de los terrenos de juego. Ya en Milán, tuvo que ser operado tras una fractura de clavícula, con un nuevo, lento y largo periodo de recuperación.

En el año 1992 una nueva lesión en el tobillo le tuvo casi toda la temporada en el dique seco. Después de aquella larga espera consiguió recuperarse para jugar la final de la Copa de Europa ante el Olympique de Marsella en mayo de 1993. Debido a los dolores, que todavía persistían, jugó aquella final infiltrado, y terminó retirándose en el minuto 86 en el que fue el último encuentro de su carrera profesional, cuando no había cumplido aún los 29 años. Y además, el Milan perdió la final.

En 1995, tras dos años en blanco tras aquella final, Marco van Basten anunció su retirada. Quiso resumir su dolorosa vida deportiva explicando cada lesion sufrida.. Después de enumerar sus cuatro operaciones quirúrgicas, más dos años sin disputar un solo partido, añadió que no volvería a jugar, ya que el sufrimiento físico era insoportable y le imposibilitaba incluso asisitir a los entrenamientos.

LAS MULETAS FUERON MUCHOS AÑOS COMPAÑEROS INSEPARABLES DE VAN BASTEN, INCLUSO EN EL DÍA DE SU BODA

Más de 60.000 espectadores llenaron el mítico estadio de San Siro para compartir su despedida el 18 de agosto de 1995.

Este es uno de los casos más graves que además de la lástima que produce, es interesante para nosotros, a nivel de estudio, por todas las lecturas que se pueden sacar de su vida deportiva. Su currículum de lesiones, es tan complicado que esa circunstancia le obligó a casarse en muletas, vivir en muletas y a luchar por llegar a un Mundial que su propio club le impidió jugar en 1994. Terminó retirándose en una camilla y no sobre el césped, lo más triste que puede ocurrirle a un deportista de élite. No podemos imaginar el dolor, sufrimiento y rotura interior que debió sufrir Van Basten a lo largo de su corta carrera, puesto que se vio obligado a abandonarla a la edad de 31 años, demasiado joven para un jugador de su calidad y que, sin duda, formaba parte de la élite del deporte en aquella época.

Tras anunciar su retirada, después de la rueda de prensa, su mujer, Liesbeth, declaró a los medios: «Llega un momento en el que cualquier cosa es mejor que el dolor, cualquier cosa es mejor que sentirse inválido. Ahora estará en paz consigo mismo».

El dolor es inevitable. El sufrimiento es opcional.

Aquel jugador contundente y de una calidad técnica excepcional quedó atrapado en unos tobillos que al final, parecían de cristal. Cualquier persona diría que contra eso no hay nada que hacer. Que la genética y la mala suerte no jugaron a su favor. Nosotros estamos completamente convencidos de que, bajo la tutela de un buen "ejercitador" mental, habría podido hacer que su carrera no fuera tan dolorosa y su angustia podría haberse mitigado también. No fue así por desgracia.

No es cosa de magia, como nosotros sabemos y ahora también vosotros, después de que Paloma contara su historia al principio del capítulo. Es cuestión de conocer el origen de la lesión que, a veces, está escrito incluso antes de que ocurra. En los despistes, debidos a la intensa responsabilidad de cada entrenamiento, de cada partido. En el cansancio por los continuos e interminables viajes. En la gestión incorrecta de las acciones para alcanzar un objetivo. En el miedo. Múltiples factores que os hacen vulnerables.

HASTA TRES BALONES DE ORO GANÓ EL GRAN MARCO VAN BASTEN

Las lesiones son la causa más común que hacen que la vida de un deportista, bien no llegue a culminar o incluso, si ocurre en sus fases iniciales, ni siquiera le permitan desarrollarla.

Marco, definitivamente y como mínimo, hubiera gestionado mejor este trance tan duro con la ayuda de un coach, psicólogo deportivo o entrenador mental.

IKER CASILLAS CELEBRA EL MAYOR ÉXITO DEL FÚTBOL ESPAÑOL EN TODA SU HISTORIA: LA VICTORIA EN EL MUNDIAL DE SUDÁFRICA-2010

IKER CASILLAS

IKER CASILLAS FERNÁNDEZ nació en Madrid el 20 de mayo de 1981. Está considerado el mejor guardameta de la historia tanto del Real Madrid como de la selección española de fútbol, en ambos casos refrendado por el palmarés internacional, pues si con el equipo blanco ganó tres Copas de Europa, con La Roja fue el portero de la trilogía de oro española (Mundial-2010 y Eurocopas 2008 y 2012).

Iker fue el portero del Real Madrid entre los años 1999 y 2015 de tal forma que figura en la historia del club blanco como el segundo jugador con más partidos disputados con la camiseta blanca, la friolera de 725, tan solo 16 menos del que fue durante muchas temporadas su compañero Raúl González.

Entre los años 2008 y 2012 fue considerado por la FIFA y la UEFA como el mejor portero del mundo. Y ha sido, junto al italiano Gianluigi Buffon, candidato sempiterno al Balón de Oro, galardón que en sus 60 años de historia solo ha ganado una vez un guardameta, la mítica *Araña Negra*, el soviético Lev Yashin en 1963.

Pero Casillas es mucho más que todo este enorme palmarés. Es un ídolo de masas en España y también en el resto del mundo ya que no solo su juego es magistral, sino también su carácter humilde, la imagen transparente que proyecta siempre en los medios, el apoyo humanitario que ejerce en varias ONGs que hacen de él un jugador cercano a la excelencia tanto en el juego como en su vida personal.

A este monstruo del fútbol se le otorgó la Medalla de Oro de la Real Orden del Mérito Deportivo en 2010 por su trayectoria profesional.

Un hombre, como él, con talento, entereza y valores arraigados y definidos, no está tampoco exento de lesiones. Aunque en el caso de Casillas, la aleatoriedad de las lesiones propias y ajenas hicieron que la oportunidad llamara a su puerta en más de una ocasión. De esta forma, Casillas sacó beneficio de las lesiones de otros, saltando al césped tanto como portero del Madrid como de la selección española

ZIDANE CON SU MÍTICO GOL DE VOLEA Y CASILLAS CON SUS PARADAS AL FINAL DEL ENCUENTRO FUERON LOS GRANDES HÉROES DEL MADRID DE LA NOVENA COPA DE EUROPA EN 2002

gracias a estas lesiones casuales de compañeros de equipo que en aquel momento ocupaban la titularidad por delante de Iker, como le sucedió el día que debutó con la camiseta del Real Madrid, un 12 de septiembre de 1999 nada menos que en San Mamés, frente al Athletic de Bilbao. La oportunidad surgió gracias a la lesión del alemán Bodo Illgner, primer portero del equipo en aquel momento, quien sufría unas molestias en el hombro.

Tres años después, en la final de la Champions League disputada en Glasgow (Escocia), el 15 de mayo del año 2002, el Real Madrid ganaba 2-1 al Bayern Leverkusen gracias a los goles de Raúl y Zidane con aquella mítica volea. Casillas, veía el partido desde el banquillo, pues Vicente del Bosque, técnico blanco, le había quitado aquella temporada la titularidad en favor de César Sánchez. Sin embargo, este caía lesionado en el minuto 67. En el arreón final del partido, los alemanes comenzaron a bombardear la portería blanca, y entonces nació el mito de Casillas. El guardameta de Móstoles, a sus 20 años, hizo cinco paradas impresionantes con las que se ganó la gloria eterna del madridismo.

Semanas después, poco antes del Mundial de Corea y Japón de 2002, el portero titular de la selección española, Santi Cañizares, se lesionó un pie, al romperse sobre el mismo un frasco de perfume que sesgó su tendón. Debido a este accidente doméstico, Casillas logró la titularidad en *La Roja* por primera vez.

Sin embargo, muchos años después, la historia pareció "pasarle factura" a Iker Casillas por aquellos giros del destino que tanto le habían favorecido. Corría la temporada 2012-13, y el portero madrileño, capitán del Real Madrid, mantenía un notorio enfrentamiento con el técnico del equipo, el portugués José Mourinho. En el partido de ida de la semifinal de Copa del Rey que enfrentaba al Real Madrid con el Valencia en Mestalla, el 23 de enero de 2013, Arbeloa, defensa madridista, al querer despejar en balón lo que hizo fue golpear accidentalmente la mano de su portero y capitán. Resultado: fractura en uno de los dedos de la mano izquierda de Iker, que tuvo que pasar por el quirófano. Mourinho aprovechó esta circunstancia, para darle la titularidad en primer lugar a Adán, segundo portero, y después fichar a Diego López en el mercado de invierno.

Fueron tiempos duros para Iker, pero el apoyo de los suyos, de la prensa, del público y su fuerza mental le hicieron remontar la situación y recuperar meses después la titularidad en la portería blanca, ya con Carlo Ancelotti en el banquillo, y volver a proclamarse campeón de Europa, la décima blanca y la tercera suya.

Este caso nos demuestra que la vida deportiva de un gran jugador queda vendida a esa aparición casual de las lesiones. A veces favorecido por las lesiones ajenas; y otras perjudicado cuando la propia lesión beneficia a un compañero.

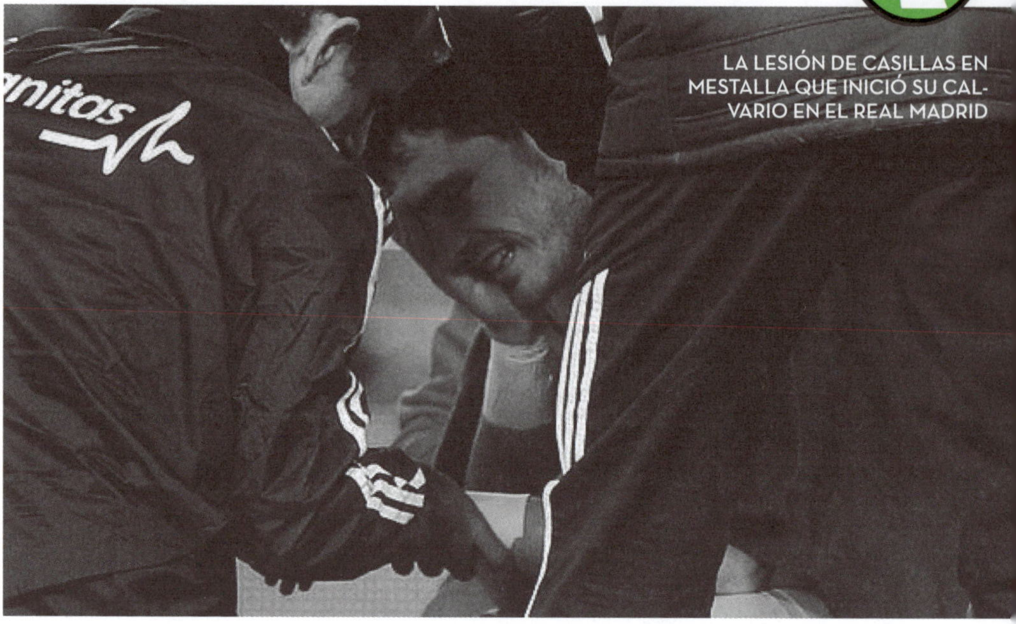

LA LESIÓN DE CASILLAS EN MESTALLA QUE INICIÓ SU CALVARIO EN EL REAL MADRID

Las lesiones campan en el terreno de juego como un elemento más. Lo que ahora se sabe es que el efecto psicológico de la derrota origina una mayor vulnerabilidad física en los atletas.

> No te estoy diciendo que sea fácil, te estoy diciendo que valdrá la pena

«Los deportistas que son derrotados en la alta competición tienen el doble de probabilidades de lesionarse que aquellos que se alzan con la victoria», según la Unidad de Psicología del Deporte de la Universidad de Murcia (UMU).

¿A qué se puede deber este efecto psicológico de ser vencido? Es muy fácil de entender. Los atletas son más vulnerables física y mentalmente cuando se sienten derrotados en sus competiciones. Por lo tanto, el trabajo del psicólogo especialista en el ámbito deportivo, coach o entrenador mental, es crucial para reducir el riesgo de sufrir lesiones. A lo largo de este capítulo hemos visto cómo los estados psicológicos de ansiedad, angustia, inestabilidad emocional, conflicto, mala gestión de liderazgo, estrés por la extrema responsabilidad y estar continuamente viajando hacen que la posibilidad de lesionarse sea mayor y la recuperación más lenta o, incluso, incorrecta.

Por lo tanto, la deducción de que los jugadores de los equipos que son vencidos o están en situación de derrota tienen más probabilidad de sufrir lesiones se debe a que tienen más necesidad de remontar y presentan conductas más exageradas y menos acertadas, ya que actúan con más desesperación. Pero si te preparas para gestionar mentalmente estos retos deportivos, las posibilidades de lesión disminuirán e incluso estarás fuera de las estadísticas.

No te engañes a ti mismo. El efecto "lesión" se puede controlar y dominar y, de este modo, tu carrera deportiva no quedará expuesta a tantos eventos fortuitos que, en su mayor porcentaje, no lo son tanto. Toma conciencia de esto. Responsabilízate y podrás vivir tu carrera deportiva más tranquilo.

Te hemos puesto muchos ejemplos a lo largo de este capítulo. Seguramente con todos ellos ya te hayas dado cuenta que no estás trabajando al cien por cien de tus posibilidades, y eso siempre, ralentiza tu rendimiento.

Os hemos contado que Paloma sufrió un varapalo. Una lesión tremenda. Dolorosa e irrecuperable. Pero gracias a su entrenador mental, a su fisioterapeuta y al desarrollo interno de sus capacidades hoy puede volver a moverse con total libertad después de superar una grave parálisis.

Si ella fue capaz de hacerlo, ¿quién puede decirte que tú no puedes?

Las estadísticas nunca acompañan a las personas que creen en ellas mismas. Este pequeño grupo llega a romper barreras y a demostrar al resto de los mortales que algo estamos haciendo mal.

Sé fiel a tu fortaleza física, pero también protege tu mente. Hazla crecer. Desbloquea ideas y creencias que te limitan y hacen que internamente no quieras destacar. Sé el primero en hacer cosas diferentes para lograr objetivos que hasta ahora no podías o no creías lograr.

Mentalmente estás preparado para afrontar situaciones adversas, lo cual hace que sepas responder ante las lesiones con energía y pasión, lo que ayuda a tu recuperación. Pero no es suficiente, porque en la mayoría de los casos sigues remontando esta vicisitud dentro de las estadísticas.

Ya sabemos que tienes un entrenador para tus estrategias técnicas de juego y para tu estado inmejorable de fuerza física, pero pregúntate ahora: ¿Quién entrena tu mente cuando estás lesionado?

UNA DEFICIENTE GESTIÓN MENTAL NOS PUEDE LLEVAR A COMETER ERRORES EN MOMENTOS VITALES

[Quien teme perder...
¡ya está vencido!]

CAPÍTULO CUATRO
EL JUGADOR EN PARTIDOS CLAVE

SIÉNTATE EN UN SOFÁ Y MIRA A TU ALREDEDOR. Todo lo que ves, absolutamente todo, fue creado por mentes que pensaron e imaginaron todo lo que puedes visualizar en tu entorno. Del mismo modo ocurre con lo que tú eres. La realidad que has creado es fruto de tus pensamientos.

Sesenta mil de estos pensamientos creados por tu mente son diarios. Esa es la media que genera tu cerebro. Si lo piensas, son más de 40 pensamientos por minuto. Y la gran mayoría de ellos tienen un componente negativo. Reflexiones llenas de autocrítica, bastante duras con el entorno, con nosotros mismos. Además, aproximadamente un 90 por ciento de estos pensamientos diarios son idénticos a los que tuviste ayer y a los que generarás mañana. Así que, a menos que empieces a controlar y cambiar esa cantidad enorme de reiterados diálogos internos, estás destinado a crear la misma realidad día tras día.

Finalmente, convertiremos estos juicios reiterados en hábitos y repetiremos inconscientemente patrones todos los días, con pocas variaciones en nuestros comportamientos.

Al igual que un pensamiento precedió al sillón en el que te encuentras sentado, los pensamientos preceden a la realidad que vas creando.

AQUEL PARTIDO CONTRA EL VALENCIA EN 1994 MARCÓ LA CARRERA DEPORTIVA DE MIROSLAV DJUKIC

Como deportista, tu mente no es diferente a cualquiera del resto de los mortales. El proceso es el mismo, así que vamos a hacerte una pregunta: ¿eres consciente de un gran porcentaje de esos 60.000 pensamientos diarios que tienes? Si la respuesta es NO, es posible que como jugador de fútbol tengas problemas, porque si la mente controla tu juego, ¿quién controla tu mente?

A continuación expondremos dos casos de jugadores que en una competición importante cometieron fallos garrafales por culpa, en gran parte, de ese descontrol de pensamiento que generó ansiedad, falta de confianza e inseguridad en sus jugadas.

De este modo, esperamos que comprendas la importancia de trabajar cada día no solo tu técnica y destreza con el cuerpo sobre el terreno de juego, sino también las herramientas mentales que crean la realidad de tus jugadas.

E **EL PENALTI MÁS FAMOSO DE LA HISTORIA DE LA LIGA ESPAÑOLA.** En la noche del 14 de mayo de 1994 el jugador serbio Miroslav Djukic se dispuso a cerrar el campeonato liguero español desde los 11 metros. El Deportivo de La Coruña tenía que ganar al Valencia en el último encuentro del campeonato para proclamarse por primera vez campeón de Liga. Con 0-0 en el marcador, y con el equipo gallego completamente bloqueado, el árbitro pitó penalti a su favor en el último minuto.

En ese momento se desencadenaron una serie de circunstancias que nada tuvieron que ver con la suerte, o la mala suerte, la casualidad o el destino, sino más bien con la carencia de herramientas psicológicas y mentales de los jugadores que se enfrentan a situaciones de estrés en muchas de las competiciones a lo largo de sus carreras.

El brasileño Bebeto, la gran estrella del equipo, y encargado de lanzar las penas máximas, optó por la "comodidad" de no pasar a la historia como el jugador que fallara tan importante penalti en lugar de entrar en ella como el hombre que dio la primera Liga de su historia al Deportivo. Así que Djukic, defensa, asumió la responsabilidad de la que había huido Bebeto y aceptó el reto.

El elegante y sobrio jugador serbio, auténtico ídolo de la afición gallega, eficaz y profesional por encima de todo, postró el esférico en el punto de penalti y respiró profundamente, buscando en esas inhalaciones concentración y tranquilidad. Pero ninguna de esas sensaciones llegaron a él. Su pulso siguió acelerado y entrecortado, el miedo empezó a crearle dudas. Su seguridad se desvaneció frente a aquel portero del Valencia, de nombre artístico González, que lo esperaba a tan sólo 11 metros frente a él. Con este descontrol emocional y mental se escribió un capítulo imborrable de La liga española. Y sin duda el más cinematográfico: "el penalti de Djukic".

Se colocó tras el balón, hinchó el pecho, aunque lo más seguro es que nunca llegó a sentir el aire en sus pulmones, tomó carrera, disparó... y falló aquel penalti vital.

EN LA FOTO DE ARRIBA VEMOS A GONZÁLEZ, PORTERO DEL VALENCIA, CELEBRAR QUE ACABABA DE PARAR EL PENALTI, LO QUE SUPONÍA UNA AUTÉNTICO TRAGEDIA PARA LA AFICIÓN DEL DEPORTIVO EN GENERAL Y PARA MIROSLAV DJUKIC EN PARTICULAR; EN LAS OTRAS IMÁGENES VEMOS A UN JUGADOR HUNDIDO, QUE DESDE LUEGO NO HABÍA ENTRENADO LO SUFICIENTE SU FUERZA MENTAL

El balón nunca llegó a besar las mallas de la meta de González, que hubiera dado la primera Liga de la historia del Depor, regalando este honor al Barcelona de Cruyff, que sí había hecho sus deberes ganando al Sevilla, aquella temporada 1993-94. Djukic lanzó horriblemente el penalti, casi por el centro, flojo y raso. González no tuvo que esforzarse demasiado para entrar en la historia negativa del Deportivo de La Coruña como el hombre que le negó la gloria. Djukic se hundió, como es lógico, y tardó en superar tamaño mazazo. Lo curioso es que logró proclamarse campeón de Liga años después, en 2002... jugando en las filas del Valencia.

Esto fue lo que sucedió, pero nosotros nos preguntamos: ¿qué hubiera pasado si Miroslav Djukic hubiera trabajado su mente, hubiera tenido un control absoluto de sus pensamientos y herramientas necesarias para superar aquel momento de tanta responsabilidad?

Este es el punto de inflexión al que queremos llegar. El momento en que piensas cómo realizar desde la excelencia tu juego en los partidos clave.

Todos los deportistas de élite se encuentran muchas veces a lo largo de sus carreras en la situación de Djukic, sin embargo, la mayoría de esos deportistas, no trabajan desde el lado psicológico estos trances tan importantes. Y es en momentos de tanta tensión cuando ese diálogo interno atraviesa el subconsciente lanzando a la parte consciente frases como "si fallas, los de la grada te matan", "no la cagues", "todo depende de ti", "fallaste hace poco otro como este, no lo fastidies otra vez"...

¿Cómo proponemos trabajar estos aspectos tan importantes con nuestros clientes? ¿Qué herramientas preparamos para jugadores que van a dejarse la piel en partidos clave? Lo cierto es que el primer paso necesario para este futuro cambio de pensamiento, evolución de tu liderazgo, control del estrés y la ansiedad, encontrar la excelencia en tu juego y tu vida personal, sería trabajar tu estado mental día a día. O también trabajar con un coach. Alguien que alimente tus recursos internos y te ayude a desarrollar increíbles herramientas psicológicas.

El segundo paso, es tomar conciencia de tus habilidades ocultas. Esas que guarda tu mente y que no has descubierto todavía. Y el tercer paso necesario sería comenzar a escuchar qué tipo de diálogo interno practicas y cambiar lo que no te aporte positividad, confianza y control en tu juego.

Tomar la responsabilidad del cambio no es sencillo, pero cuando el objetivo se define conoces tus recursos y comienzas a desarrollar habilidades que hasta ahora no conocías, consigues que el trabajo sobre el terreno de juego, tome otra dimensión.

Vamos a analizar otro caso de la historia del fútbol en el que la presión en un partido clave convierte a un gran jugador, un depredador en el área contraria, en un cordero asustado y vencido por el peor de los enemigos. Su propia mente.

ROBBEN SE LAMENTA DE HABER FALLADO LA OPORTUNIDAD MÁS IMPORTANTE DE TODA SU CARRERA

UN FALLO QUE VALIÓ UN MUNDIAL. En tan solo dos años Arjen Robben (Bedum, Holanda, 1984), perdió las tres finales más importantes de su carrera. En dos de ellas (Champions y Mundial), sus propios errores, nacidos de su mala gestión mental sobre el terreno de juego, le hicieron responsable frente a la afición y los medios de comunicación de aquellas finales perdidas. En España, como es lógico, el fallo que más recordamos es su mano a mano con Iker Casillas en el minuto 61 de la final del Mundial de Sudáfrica-2010. ¿Fallo de Robben o mérito de Casillas?

Vamos a analizar la jugada desde dos perspectivas mentales: primero la de Robben, que se encontraba frente a una portería sin más obstáculos que un portero sin sus defensas, con la responsabilidad de no poder fallar una oportunidad de gol tan clara; y después la de Casillas, portero de la selección española que, solo ante el peligro, y dicho por él mismo después en rueda de prensa, pensó en aquel mismo momento: «según avanzaba Robben, estaba confiado en que tenía las mismas oportunidades que él, en que podía pararla o hacer que la tirara fuera».

Son dos maneras de afrontar una misma situación. La del delantero de Holanda, con un exceso de responsabilidad de todo un país a sus espaldas, con el temido estrés que ello genera; y la del portero de *La Roja*, que afrontó la situación desde el optimismo, un diálogo interno limpio y un estrés y ansiedad controlados.

En la misma situación, los dos jugadores coinciden en una misma emoción: el estrés. Pero como vemos, la gestión de dicha emoción, es distinta entre uno y otro.

¿Qué ocurrió? Que Robben, acelerado, agobiado y pensando más en las consecuencias de fallar esa ocasión histórica, veía más portero que portería. Y que Casillas, con plena confianza en sus posibilidades, se concentró más en el balón que en el delantero. Robben disparó, Casillas movió un pie, tocó ligeramente el balón... y este salió desviado. Córner, no gol. Y luego llegó el gol de Andrés Iniesta...

ROBBEN, EL HOMBRE DE LAS LAMENTACIONES

POR LO TANTO...

La explicación no es sencilla, pero vamos a intentar describir por qué un proceso de esa ansiedad es beneficioso para unas personas y sin embargo para otras no. Lo primero que deberíamos saber bien es qué es el estrés.

El estrés es la respuesta de defensa del organismo ante cualquier cambio o demanda externa que perturba el equilibrio físico o psicológico de la persona. Ni más ni menos, es un mecanismo de defensa mental que consiste en segregar sustancias, concretamente adrenalina y cortisol, para evitar peligros, superar obstáculos y alcanzar metas. Cuando este proceso del organismo se descontrola, el estrés, que en principio sirve para ayudar, pasa a ser un elemento negativo y crea una realidad no positiva del individuo frente al elemento causante de ese estrés. Existen dos tipos de estrés:

- **ESTRÉS POSITIVO (EUSTRÉS):** da un nivel de activación necesario y óptimo para conseguir metas. Este estado genera una actitud proactiva, con objetivos concretos e iniciativas.
- **ESTRÉS NEGATIVO (DISTRÉS):** da un nivel de activación del organismo excesiva o inadecuada, a la demanda de la situación. La actitud que genera es reactiva, provocando urgencia, falta de concentración e inseguridad en las acciones.

Claramente, Robben tiene una actitud reactiva ante su gran oportunidad de marcar tan importante gol, , ya que no crea la jugada desde la excelencia, sino desde la exigencia. Por otro lado Casillas, en ese momento tan importante, accede a un estado proactivo, sin urgencias, desde la concentración máxima y la seguridad en sus movimientos.

Con este ejemplo queremos acceder a otro componente que acompaña al jugador a lo largo de su carrera: la gestión del estrés.

Es muy importante aprender herramientas que te ayuden a crear siempre reacciones proactivas sobre el terreno de juego. Para llegar a este control del estrés te proponemos unos ejercicios simples que desde hoy pueden ayudarte a mejorar esa gestión tanto en tu vida personal como en la deportiva.

Entrena tu concentración con este ejercicio que te proponemos a continuación, basado en la programación neurolingüística (PNL).

Los seres humanos recibimos la información y la representamos mediante tres canales principales en nuestra mente:

- **VISUAL:** Son las imágenes que percibimos por nuestro sentido de la vista, los colores, las formas, el brillo, etc., y también las representaciones que se quedan almacenadas en nuestra mente.
- **AUDITIVO:** Son los sonidos, el ritmo, el volumen, el tono de todo lo que escuchamos, y cómo queda todo esTo reflejado en nuestra memoria.
- **KINESTÉSICO:** sería el tacto, las sensaciones, el movimiento, el gusto, todo lo que se graban en nuestra mente, creando experiencias sorprendentes.

Ahora, concéntrate sin juicios (malo, bueno, agradable, desagradable..) en los tres principales canales de representación (sentidos) durante cinco minutos cada uno. Para ello, siéntate en un lugar cómodo de tu casa, de un parque o en un sitio donde puedas estar tranquilo sin que nada ni nadie pueda molestarte.

- **1. CONCÉNTRATE** en todo lo que ves. ¿Qué colores principales estás viendo? ¿Son tonos fuertes o más bien pasteles? ¿Cuál es el color que más predomina en el lugar desde donde estás observando? ¿Hay mucha luz o por el contrario está oscuro? ¿Cómo son las sombras que proyectan los objetos? ¿Qué formas puedes reconocer? ¿Tienen aristas o son de contornos redondeados?
- **2. CIERRA LOS OJOS** y concéntrate en lo que escuchas. Trata de oír todos los sonidos que hay a tu alrededor, tu respiración también "suena". ¿Son sonidos lejanos o cercanos? ¿Podrías determinar la distancia de los objetos que emiten esos sonidos? ¿Son agudos o más bien graves? ¿Cómo cambia el sonido que emites con tu respiración a medida que los pulmones se van llenando? ¿Puedes escuchar gente hablando? Si es así, ¿qué edad supones que tiene esa gente por su tono de voz?
- **3. CONCÉNTRATE** ahora en tus sensaciones manteniendo los ojos cerrados. ¿Qué temperatura hay en la sala? ¿Qué parte de tu cuerpo siente más

temperatura y cuál menos? ¿Qué textura tiene la ropa que llevas? ¿Qué olores estás percibiendo desde el lugar en el que estás concentrado? ¿Qué partes de tu cuerpo están apoyadas sobre algo y qué partes no? ¿En qué parte de tu cuerpo sientes más tensión? ¿Y cuál es la parte más relajada?

Ahora vamos a realizar un ejercicio de relajación selectiva. Este ejercicio es muy potente de cara a relajar toda la musculación de tu cuerpo con el fin de alcanzar una recuperación más rápida entre partidos.

1. **CIERRA LOS OJOS** y centra la atención en tu cuerpo.
2. **OBSERVA SIN JUZGAR:** ¿cómo es tu respiración? ¿Cómo son los latidos de tu corazón?
3. **AHORA, CONCÉNTRATE** de forma selectiva en los hombros, las piernas, las manos, el cuello, la cara y así hasta que hayas pasado por todas las partes de tu cuerpo.
4. **UNA VEZ QUE TE HAYAS CONCENTRADO** en todo tu ser, céntrate en la zona que tienes interés en relajar. Ahora pregúntate: si esa parte de tu cuerpo tuviese un color debido a la sobrecarga muscular, dolor etc., ¿qué color tendría? ¿A qué temperatura crees que está ahora mismo? ¿Está más caliente que el resto del cuerpo o menos? Sigue concentrándote en ella y deja que el músculo o la zona sobrecargada se vaya relajando poco a poco por sí sola por el hecho de poner toda tu atención sobre ella.

Y vamos con un último ejercicio práctico. Escribe en dos líneas una situación que te esté generando estrés y pregúntate: ¿anticipas o presupones algo que no ha sucedido sobre ese tema? ¿Vuelves al pasado preocupado por algo que hiciste mal respecto a lo que estás pensando?

Tras estos sencillos ejercicios estarás en el camino de convertir tu ansiedad en una emoción controlada.

[Todas las cosas son difíciles antes de ser fáciles]

Como empezamos hablando al principio de este capítulo, los pensamientos diarios generan en gran medida esa transformación de estrés positivo en negativo, así que no pases tanto tiempo preocupándote por el futuro, lamentando el pasado, o ambas cosas a la vez, porque esa es la principal fuente generadora de estrés y reduce drásticamente tu energía y productividad.

Usa el pasado como aprendizaje. No vivas en él. Tampoco vivas en el futuro. Simplente, utiliza el presente para construir un camino hacia el futuro, diseñando los objetivos pero sin adelantar resultados.

Vivir en el ahora te ofrecerá muchos beneficios: libertad, capacidad para disfrutar del más mínimo detalle, mejorar la gestión del tiempo, mayor concentración, reducción de tu estrés, etc.

Si los jugadores se entrenaran siempre desde la excelencia, dejando la exigencia de lado, quizá sus beneficios en el campo estarían más controlados. Pero en el deporte de élite la presión por conseguir títulos reduce el tiempo de trabajo interno, o simplemente ni siquiera existe. Quizá te preguntes cómo afecta a las rutinas de entrenamiento la excelencia frente a la exigencia. Os proponemos un juego: ¿con cuál de estas frases te sientes más identificado?

- «Puedes continuar y las piernas te dolerán durante una semana, o puedes renunciar y tu mente te dolerá toda la vida» (Mark Allen, triatleta)
- «... Porque solo los que se arriesgan a ir muy lejos pueden llegar a saber lo lejos que pueden llegar» (T. S. Eliot, poeta)
- «Ahora me importa más la preparación para tratar de llegar en buena forma que la próxima competición en sí misma» (Rafa Nadal, tenista)

Las dos primeras declaraciones hablan de situaciones aplicables a deportistas exigentes. Por lo tanto, los que habéis elegido estas dos opciones ejecutaréis vuestras rutinas de entrenamiento desde la "obligación" de hacer las cosas, del mejor modo posible. Sin embargo, la tercera opción nos presenta un ejemplo de excelencia en el sentido de tener la actitud e interés por hacer las cosas del mejor modo posible, no con sentimiento de obligación, sino de deseo.

Desde la más tierna infancia se nos inculca la importancia de esforzarnos por muchas razones: para dar lo mejor de nosotros mismos, para ser los mejores, para superarnos en los estudios, en el trabajo, en el deporte.

Con frecuencia encontramos deportistas que asumen este tipo de creencias con gran convicción y que se exigen enormemente a sí mismos, sin ningún tipo de ayuda positiva para su psiqué. Esta exigencia se orienta, sobre todo, a obtener resultados para "cumplir" con el entrenador o con el club al que representa en el terreno o cancha de juego. En resumen, complaciendo a otras personas (los anteriormente citados más la afición, amigos, parejas, hijos, padres, hermanos...). A cambio, acabas olvidando tus propias necesidades. Lo que realmente importa y deseas.

Este proceso de complacer y de cumplir con mandatos que vienen de los demás genera mucha insatisfacción. La exigencia nunca llega a estar satisfecha. Los logros nunca son lo suficientemente buenos y parece que las cosas siempre pueden hacerse mejor. Desde este enfoque, esos 60.000 pensamientos diarios se dirigen a mirar lo que falta o lo que no se ha podido lograr, dándose ese diálogo interno tan temido, a descalificar con cada pensamiento al propio jugador, porque el esfuerzo, se entiende, no fue suficiente.

> Lo triste no es marcar metas desafiantes y fallar. Lo triste es marcar metas muy bajas y acertar.

La excelencia, sin embargo, no mira tanto el hacer y los resultados como el ser y el compromiso con los objetivos. Rafa Nadal dice que «me importa más la preparación que el torneo», y cuando tus rutinas de entrenamiento se centran en eso aparecen el aprendizaje, la creatividad, el disfrute y la potenciación de las habilidades.

Si algo sale mal no soy yo, simplemente es una parte de lo que hago, que necesita mejorarse. Así que los futbolistas comprometidos con la excelencia viven el fallo como una oportunidad de aprendizaje, no como un fracaso. Buscan alternativas, aceptan otros puntos de vista, admiten las críticas y sugerencias porque no se sienten amenazados, y cualquier aportación es una oportunidad para seguir mejorando y avanzar hacia el objetivo.

La excelencia nos permite acercarnos a aquello que deseamos realmente, aumentando la probabilidad de conseguir los resultados que esperamos.

Con todo lo que hemos contado en este capítulo, las posibilidades de triunfo en los casos de Djukic y de Robben hubieran sido mucho mayores si hubieran practicado este crecimiento de su deportista interior, y no solo del exterior. Además, aceptando el hecho de que siempre hay un ganador y un perdedor. Si hubieran gestionado mejor la ansiedad y los diálogos internos, estos jugadores derrotados también habrían tenido una mejor recuperación.

EN RESUMEN...

- 60.000 pensamientos diarios fuera de control.
- Falta de herramientas en situaciones límite.
- Ningún control externo especializado en estrés y ansiedad.
- Poco apoyo del club para el desarrollo personal y mental de su plantilla.
- Presión mediática, familiar y de la afición.
- La edad temprana, a la que se enfrentan a situaciones de máxima responsabilidad.

¿Nos extraña que Robben falle un tiro, con la portería para él solo? ¿Que Djukic no sea capaz de marcar el penalti para dar la Liga a su equipo? A nuestro parecer, y tras larga experiencia con jugadores y otros deportistas de élite, en partidos clave el factor suerte es más responsable a veces del resultado que el propio diseño de estrategia en el campo. Por esta razón los jugadores creen en general, en la mala suerte, el mal fario, las "pájaras". Desde aquí os proponemos cambiar este tipo de pensamiento. No dejar fuera de vuestro control nada de lo que tienes alrededor ni interiormente.

Atrévete a hacer cosas diferentes que te ayuden a vivir experiencias distintas. Si no cambias tus rutinas de trabajo, si siempre son las mismas y no añades elementos diferentes, tu juego quedará estancado y tu mente estará trabajando a un rendimiento muy bajo comparado con tu físico.

No tengas miedo a explorar tus posibilidades, porque vas a quedar fascinado con el cambio que verás en tu rendimiento. La responsabilidad ya no será meter un gol en una final, sino disfrutar, crear magia en tu juego, despertar a un aliado increíble, que es la mente. Como consecuencia, el gol aparecerá, pero no centrándote en el gol en sí mismo, ya que esto activa la respuesta del estrés y de la ansiedad por evitar el fallo, sino focalizándote en la acción de crear ese gol.

El peor adversario en momentos clave ya no serás tú mismo.

También controlarás la realidad que vas creando día a día. Generarás un equilibrio que hará de ti un jugador diferente y mejor, partido tras partido y, lo más importante, harás que la ruleta rusa deje de rodar cuando tú tengas el control de cada jugada, porque la habrás creado en tu mente antes de llevarla al terreno de juego, al igual que alguien imaginó el sillón en el que te encuentras sentado antes de darle forma.

500

El cementerio de los pobres está lleno de gente que pensaba que iba a ser rica toda su vida

CAPÍTULO CINCO
EL JUGADOR Y EL DINERO

EL DINERO ES UNA DE LAS ENERGÍAS MÁS CURIOSAS de este mundo si lo analizamos desde un plano psicológico. Hay personas que con 200 euros en su cuenta son capaces de irse de vacaciones o comprarse un coche nuevo a plazos y estar totalmente tranquilas. Y otras se ponen de los nervios solo con la posibilidad de que algún día se puedan quedar sin trabajo, aún teniendo ahorros suficientes como para poder vivir más de dos años.

Esa es la energía del dinero. Tan sorprendente como complicada a la hora de manejarlo. Todo el mundo cree que la mayoría de los jugadores de futbol de primera línea no deberían tener problemas durante el resto de su vida, dados los sueldos que manejan, ¿verdad? Pues no, nada más lejos de la realidad. Un estudio de la consultora Schips Finanz, especializada en asesorar económicamente a futbolistas retirados, aseguró que un 30 por ciento de los jugadores en activo están en la ruina, y la mitad de estos prácticamente en la miseria al terminar su carrera futbolística. Cuando se juntan la juventud, una suma de dinero periódica muy por encima del resto de los mortales, la imagen de ídolos y una carencia de conocimientos sobre inversiones tanto en el jugador como en sus asesores personales nos da como resultado una bomba de relojería que puede desembocar en la bancarrota total al poco de colgar las botas.

LOS MÍTICOS MICHAEL JORDAN Y SCOTTIE PIPPEN

La salida fácil es contratar a un asesor de inversiones de alto nivel. Sin embargo, los futbolistas, por su condición mediática, suelen tener mucha desconfianza hacia las personas que se les acercan, ya que alrededor del dinero suelen revolotear sanguijuelas que buscan disfrutar del mismo tren de vida que el ídolo o, lo que es peor, "desplumarle" aprovechando su ignorancia para los negocios.

La vida profesional de un futbolista de élite no es muy larga, al menos como jugador, aunque después muchos de ellos se reciclan hacia los banquillos o, en los últimos años, las tertulias en programas televisivos como principales actividades profesionales relacionadas con lo único que controlan: el fútbol.

Todos vemos cómo nuestros ídolos desarrollan sus vidas deportivas entre coches de lujo, mansiones, aviones privados... Por lo tanto, es lógico que cualquiera de nosotros quiera hacer realidad el sueño de vivir como un jugador de fútbol de élite. Sin embargo, no todos los futbolistas tienen la fortuna de llevar ese tren de vida tan lujoso. Solo una minoría llega a disfrutar de una carrera que le facilite el camino para ascender al mundo de los "elegidos" en las listas Forbes de turno.

Tener millones de euros en la cuenta corriente cuando todavía se está en la veintena puede terminar volviendo loco a cualquiera, no solo en el mundo del futbol, ya que por ejemplo la NBA, la Liga profesional norteamericana de baloncesto, no es muy diferente. Según la revista *Sports Illustrated*, tres de cada cinco baloncestistas tienen problemas económicos a los cinco años de su retirada. Y también asegura que los deportistas acaban arruinados, en su mayoría, por la adicción a las drogas, por problemas con el juego y por mal asesoramiento en sus inversiones.

Pero la peor parte se la lleva la Liga profesional de fútbol americano, la NFL (National Football League), en la que el 78 por ciento de los jugadores retirados acaban arruinados en tan solo dos años.

¿Cómo es posible que ocurra todo esto con personas que llegan a ganar en un año lo que una persona jamás ganará durante toda su vida? La respuesta es muy simple: el dinero corrompe y envicia a todo aquel que no tenga una formación adecuada y una estabilidad en todas y cada una de las áreas de su vida. Aspectos que tratamos de mostrar en este libro.

El caso más llamativo es quizá el de **SCOTTIE PIPPEN**, escolta de los míticos Chicago Bulls de los años 90 y el mejor "escudero" del mítico Michael Jordan, junto a quien ganó seis anillos de la NBA y formó parte del mítico *Dream Team* de los Juegos Olímpicos de 1992. Pippen llegó a ganar la escandalosa cifra de 120 millones de dólares en sus 17 temporadas en la NBA. Pero este maravilloso jugador perdió alrededor de 27 millones de dólares en inversiones poco acertadas y con muy mal pronóstico financiero. Según publicó hace algunos años el *Chicago Tribune*, el 33 de los Bulls puso 17 millones de dólares en manos de su inversor de confianza en el año 2000, quien los invirtió en negocios de aviación, comida para gourmets y la construcción de un complejo residencial de lujo. Pippen no recuperó ni un solo dolar de todas estas inversiones.

> [No es que haya buenas o malas inversiones. Lo que sí hay son buenos o malos gestores.]

Pero volvamos al mundo del fútbol. Parece que hay una relación directa entre la vida vertiginosa de algunos jugadores, que centran su ocio en la noche, y la bancarrota total. La desgracia económica que existe detrás de cada una de estas historias, suele tener varias causas: la primera y más preocupante es que durante los años de máximo esplendor del futbolista el nivel de gastos es muy elevado, y cuando llega el momento de colgar las botas, muchas de estas estrellas o estrellitas no reducen el nivel de gastos cuando los ingresos disminuyen radicalmente. Adaptarse a un nivel de vida inferior al que estamos acostumbrados no es fácil para casi nadie. De hecho, hay que tener una gran fortaleza psicológica para asumir que ya no eres el que fuiste de cara a la opinión pública. Y eso no te tiene por qué hacer sentir por debajo de donde te encontrabas anteriormente.

También hay que tener en cuenta que muchas personas son "adictas" a la gente famosa, porque les saca de las miserias que tienen en el día a día, al centrarse en otras personas diferentes a ellos mismos.

Hay una cosa que tienes que tener en cuenta: aunque suene un poco duro, la gente no te quiere tanto, la gente es adicta al famoseo y estar cerca de alguien famoso te hace sentir una pizca de lo que siente un jugador de élite. Así que tienes que interiorizar que la fama es efímera y que quien realmente te quiere es quien está a tu lado en los momentos difíciles, porque en los fáciles te sobrarán amigos siempre.

Otro aspecto es la falta de ahorro durante los años de máximo rendimiento como jugador. Sí o sí, tienes que tener un plan económico para el resto de tu vida, igual que lo debe de tener cualquier persona en este planeta. Tú no eres diferente a los demás y debes prever y ser inteligente en este aspecto.

Otras veces, lo que ocurre es que toda persona con dinero tiene sanguijuelas humanas preparadas para succionarle en todos los aspectos. Algunos de ellos muy visibles y otros no tanto, jugando papeles de lobos con piel de cordero. No te despistes y sé consciente de quiénes son tus amigos y quiénes son simplemente gente interesada. La falta de cultura financiera es otro mal de muchos deportistas que tienen dinero y no saben en qué invertir.

JOHAN CRUYFF, EN SU ÉPOCA EN EL AJAX DE ÁMSTERDAM, 1971

JOHAN CRUYFF, estrella mundial del Barcelona en los años 70, invirtió prácticamente toda su fortuna en una granja de cerdos en Lleida siguiendo los consejos poco afortunados de uno de sus socios. El holandés quedó al borde de la ruina tras esta desafortunada inversión.

Si vas a ser empresario, tienes que tener unos conocimientos mínimos del mundo de la finanzas. Muchas veces nos fiamos de un amigo o de alguien que le ha ido muy bien en una inversión; sin embargo, eso no es suficiente para tener éxito en una empresa. Invertir, simplemente por el hecho de que te lo han aconsejado en una comida de amigos, es como jugar a la ruleta en el casino y esperar siempre ganar.

Otro error cuando se deja de ser un jugador de élite es no saber reciclarse. Un futbolista que ha estado durante los principales años de su vida centrado en el juego y poco en su formación académica tiene una características que hacen que se convierta en un cepo para sí mismo. Pocos llegan a ser comentaristas o entrenadores de equipos, y de hecho su imagen pública a lo largo de los años de gloria es vital para tener una imagen limpia y que los empresarios se fijen en ellos tras su retirada. Para este reciclaje es imprescindible un apoyo profesional para saber explotar las mejores habilidades que tenga esta persona y, sobre todo, la popularidad remanente de los años de gloria que nunca hay que desaprovechar.

Estas son algunas las conclusiones sobre la vida de diferentes deportistas de élite:

- «Un futbolista puede hacer lo que quiera, tiene dinero y se siente dios» (Andy van der Meyde, futbolista).
- «En el momento en el que el éxito se me suba a la cabeza, estaré acabado» (Rafa Nadal, tenista).
- «Siempre pensé que mi vida estaba dividida en cuartos. El primero transcurrió en canchas de fútbol, el segundo en bares y clubes y el tercero en hospitales. Espero que el cuarto lo pueda pasar rodeado de mi familia y amigos» (George Best, futbolista).

Algo que muchos futbolistas de primera línea suelen olvidar es que su imagen debe estar perfectamente cuidada en todos los sentidos, ya que al ser personas tan mediáticas pueden llegar a ganar más por su imagen que por sus contratos. Este es el caso del inglés **DAVID BECKHAM**, que ya ha puesto punto final a su carrera, pero que en el año 2012 ganó 36 millones de euros, de los cuales solo tres millones fueron fruto de su ficha como futbolista. El resto, 33 millones de euros, llegaron a su cuenta corriente gracias a sus múltiples contratos publicitarios. Un jugador en sus últimos años como deportista, con una marca personal impecable, llegó a ganar más de diez veces su salario en publicidad. Y ahora, una vez fuera de los terrenos de juego, sigue ingresando decenas de millones de euros gracias a la imagen que se labró en sus años como futbolista.

CAMPAÑA PUBLICITARIA DE DAVID Y VICTORIA BECKHAM

Pero no solo Beckham disfruta de esas cifras millonarias. El argentino **LEO MESSI** ingresa cada año 64 millones de euros: 36 de ellos por su rendimiento directo con las camisetas del Barcelona y de Argentina y los 28 millones restantes por contratos publicitarios. El portugués **CRISTIANO RONALDO** divide sus suculentos 54 millones de euros anuales entre los 28 millones que gana como el goleador del Real Madrid y los 26 que ingresa por sus acuerdos publicitarios. Añadiremos a este podio a **NEYMAR JR.**, el brasileño que ha enamorado a los aficionados del Barça. Gana 36.5 millones de euros al año, de los cuales 20.5 provienen de su ficha más las primas y 16 más a través de publicidad.

Y podíamos seguir y seguir con muchos más jugadores de élite. Pero nos hacemos una pregunta: ¿cómo tiene que ser la imagen pública de un jugador para poder aspirar a tamaños contratos publicitarios? La respuesta solo puede ser una: impecable. Una gran corporación solo va a depositar su confianza en un jugador que tenga una imagen impoluta frente a los medios, y para ello sin duda hay que estar preparado. Tener a alguien que te asesore y te apoye incondicionalmente en todas las áreas de tu vida es vital para personas como los jugadores de fútbol de élite.

Sabiendo esto, ¿en qué tienen que invertir el dinero que acumulan las grandes estrellas del fútbol en sus años de gloria? En este libro no podemos daros una solución concreta, ya que hay miles de opciones, pero os podemos dar algunos ejemplos de las inversiones de los más grandes.

LEO MESSI posee junto a su padre, Jorge Messi, una sociedad que se dedica a la compra, alquiler y venta de terrenos. **IKER CASILLAS** también invierte en inmuebles en varias localidades madrileñas. **CRISTIANO RONALDO** abrió una discoteca, situada en el Algarve portugués con un nombre muy característico: *Seven*. **SERGIO RAMOS** es socio de un restaurante gourmet en Sevilla, el conocido *Mercado de San Pedro*. La pasión de **ANDRÉS INIESTA** son los vinos. En 2011 decidió comercializar este producto a través de las bodegas Andrés Iniesta, situadas en su pueblo natal, Villalbilla (Albacete). Además, es el máximo accionista del Albacete Balompié, club en cuyo pecho portan la publicidad de sus bodegas. Andrés también es socio de la empresa Iniesta Construcciones, dedicada al ladrillo, reformas y compraventa de inmuebles.

> [Piensa en el largo plazo y actúa a corto plazo. Esa es la receta del éxito.]

Es muy común que los futbolistas compren lujosos coches que coleccionan en los garajes de sus casas como inversiones de futuro, como así hacen **MESSI**, **RONALDINHO**, el camerunés **SAMUEL ETO'O**, el sueco **ZLATAN IBRAHIMOVIC**, el inglés **WAYNE ROONEY** o el español **GERARD PIQUÉ**. Otros jugadores, al igual que algunos de los mencionados anteriormente, se centran en invertir al mismo tiempo que generan puestos de trabajo, como el caso de **DIDIER DROGBA**, que utiliza sus excedentes financieros de forma filantrópica, ayudando a crear fábricas de café y chocolate en su país, Costa de Marfil, con el fin de emplear a mujeres desfavorecidas. También ha abierto orfanatos, escuelas e incluso un hospital. Y después, en otro "nivel", está el ya referido **DAVID BECKHAM**, que todo lo que toca lo convierte en oro. Junto a su mujer, la Spice Girl Victoria Adams, han creado su propia marca de ropa, perfumes, realizan todo tipo de inversiones, adquisición de mansiones, compra de coches lujosos e incluso han invertido en escuelas de fútbol en Brasil.

Así, por lo que se puede ver, opciones de inversión hay muchas, siempre que se hagan con la cabeza bien fría, con una chispa de ilusión y apoyos inteligentes.

Pero hay un pozo sin fondo en la vida de los jugadores de élite, dentro de su apartado más íntimo, que es la familia. El entorno íntimo de muchos jugadores, cuando su trabajo y talento los catapultan a la gloria, entiende que ese dinero es un poco de todos ellos: padres, madres, hermanos, sobrinos, tíos, primos, etc. Todos dan por hecho que teniendo un diamante en casa, van a poder, de algún modo, beneficiarse de su brillo. Y aquí viene el gran problema. La tía necesita una casa, el primo un coche, la hermana una vida llena de lujos y así hasta donde tu imaginación te lleve, por lo que el jugador se siente culpable por vivir a lo grande y no puede soportar la idea de que su familia no puedan hacerlo.

[Cuando se trata de dinero, todos son de la misma religión]

Este problema, se extrapola a casi todos los deportes. Reciente es el caso de la tenista **ARANTXA SÁNCHEZ VICARIO** quien, tras constatar que su familia se había quedado con la mayor parte de sus ganancias, decidió denunciarlo por apropiación indebida y malversación. Tras dos años de enconados litigios en los tribunales y tres meses de complicada negociación, la pequeña del clan firmó un acuerdo con su familia para cerrar una lucha que fue tan pública como desagradable. Pero una sentencia judicial ordenó abrir de nuevo la querella que había presentado la tenista contra su padre, Emilio, su hermano Javier, su abogado y el administrador de la familia, a quienes Arantxa acusó de apropiación indebida por un valor de nada menos que 16 millones de euros. Los magistrados admitieron este recurso y los querellados finalmente tuvieron que declarar en calidad de imputados. Tras dos años de litigios, el tribunal de Corts de Andorra condenó a la tenista a pagar las costas del juicio, ya que no quedaba probado que su familia se hubiese apropiado de dichos 16 millones de euros. Es un caso muy triste. Una magnífica deportista que queda casi en la ruina y que ha roto cualquier vínculo familiar por la extraña desaparición de casi todo su patrimonio.

No es el primer ni será el último caso, pero, la mayoría de deportistas de élite que se han encontrado en la situación de Arantxa, han decidido no hacerlo público, para evitar la vergüenza de ver su vida privada expuesta, titular tras titular, a la opinión pública, como le ocurrió a la mejor tenista española de la historia.

Con todo ello no queremos decir que hay que dejar a la familia fuera de nuestros beneficios monetarios, pero sí mantener siempre un control sobre el patrimonio y ayudar a quien lo necesite, porque al igual que el pobre no debe avergonzarse de serlo, tampoco el rico.

Observad el comportamiento del entorno y no olvidéis nunca que el dinero ganado está lleno de trabajo, tesón, lucha y esfuerzo; por lo tanto, respetad y controlad la energía que emana de la acumulación de riqueza, para que esta no se convierta en un problema futuro.

ARANTXA SÁNCHEZ VICARIO, LA MEJOR TENISTA ESPAÑOLA DE LA HISTORIA

CRISTIANO RONALDO, UN EXPERTO EN AUTOMOTIVARSE EN CADA PARTIDO

[Todo lo que se hace se puede medir, solo si se mide se puede controlar, solo si se controla se puede dirigir y solo si se dirige se puede mejorar]

CAPÍTULO SEIS
LA MOTIVACIÓN Y LAS EMOCIONES

EN EL TERRENO DE JUEGO la motivación de los jugadores es directamente proporcional a su rendimiento, y como lógica consecuencia, a los resultados finales. De todos modos, visto de una manera simplista, podemos pensar que es verdaderamente importante trabajar la estabilidad emocional y la motivación de los jugadores antes del partido, pero... ¿qué ocurre durante el encuentro?

Las acciones de nuestro equipo influyen en el juego tanto como las del contrario. Para verlo más claro vamos a analizarlo con dos ejemplos reales en dos finales, el mejor momento para estudiar el trabajo emocional que hayan realizado los equipos en los entrenamientos y la flexibilidad que tienen los jugadores para encarar emocionalmente eventos negativos durante el partido.

MIRANDA, HÉROE DE LA FINAL DE COPA 2013

FINAL DE LA COPA DEL REY 2013. REAL MADRID-ATLÉTICO DE MADRID 1-2

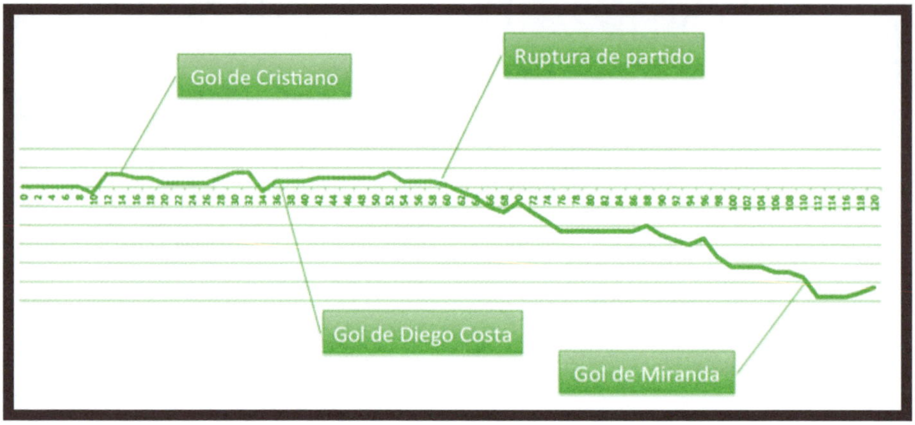

En el gráfico, la línea muestra el nivel de motivación del conjunto madridista, que además jugaba en su estadio, ligeramente más fuerte que su contrincante, el Atlético de Madrid, en los primeros minutos de la final. De hecho, esto se pudo respirar también en el terreno de juego. En el minuto 13 Cristiano Ronaldo marcaba el gol de su equipo. Este hecho, evidentemente, elevó la motivación de los blancos, aunque en la gráfica vemos que el partido todavía no estaba roto, ya que no había hecho más que empezar. No olvidemos que en este análisis están incluidos todos los eventos del partido, y la fuerza emocional de los dos equipos seguía bastante pareja.

En el minuto 35 Diego Costa empató la final para los colchoneros, aunque la tendencia emocional siguió más o menos en la línea inicial, es decir, dos fuerzas prácticamente igualadas.

Sin embargo, a partir del minuto 60 el Real Madrid se vino abajo, y ahí estuvo la clave del partido. En el minuto 61 Benzema, disparó al palo y después Juanfran salvó bajo palos un gol cantado, y al Madrid le empezaron a aparecer los fantasmas anunciando que la final iba a estar más complicada de lo que parecía.

Tres minutos después, el madridista Khedira fue amonestado con una amarilla.

En el minuto 68 Cristiano, en un libre directo, estrelló el balón nuevamente contra el palo, y en los minutos siguientes Özil y Ramos vieron una amarilla cada uno mientras su entrenador, José Mourinho, fue expulsado.

Justamente aquí se dio el punto de ruptura del encuentro. El Madrid, a pesar de estar equilibrado en el marcador, se rompió emocionalmente, y el Atlético aprovechó la locura interna de los jugadores merengues para desquiciarlos aún más, hasta que casi al final del partido, minuto 89, Cristiano Ronaldo vio una tarjeta amarilla y en la primera mitad de la prórroga, minuto 8, Miranda marcó el gol que supondría la victoria para los rojiblancos.

DIEGO COSTA CELEBRA EL GOL DEL EMPATE ROJIBLANCO EN LA FINAL DE COPA 2013

Aunque todavía había tiempo de sobra, 22 minutos como poco, para que el Real Madrid remontara, los jugadores de Diego Simeone y Germán Burgos tenían un estado emocional y motivacional muy por encima del equipo blanco, que se vio reflejado en Courtois, portero rojiblanco, salvando dos goles casi cantados de Higuaín y Özil. En el minuto 113, Cristiano Ronaldo vio la roja directa, como resultado de su pérdida de control absoluta sobre la situación, lo que supuso la puntilla definitiva para el Real Madrid.

Para un entrenador de fútbol, monitorear el nivel de motivación del equipo es vital si se quiere corregir la dirección emocional de sus jugadores en tiempo real, con el partido en juego. De hecho, el Real Madrid, podría haber duplicado sus posibilidades de triunfo si hubiera trabajado como debía este asunto tan importante.

FINAL DE LA COPA CONFEDERACIONES 2013. BRASIL-ESPAÑA 3-0

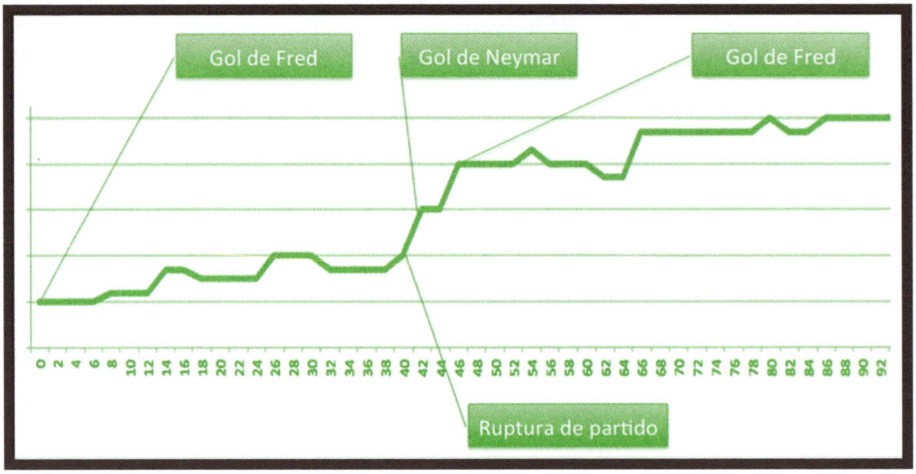

La final de la Copa Confederaciones del año 2013 es muy diferente al anterior partido que hemos analizado. Fue un encuentro dominado en todos los sentidos por Brasil desde el minuto uno. Vamos a estudiar cómo fueron afectando los acontecimientos más importantes del partido a cada uno de los equipos.

En el minuto 1, Fred adelantaba a Brasil con un gol que dejaba atónitos a los jugadores españoles, y siete minutos más tarde otra ocasión que desperdiciaba la *canarinha* señalaba un camino muy complicado para *La Roja* si no variaba el rumbo.

España tenía muchos problemas por el asedio continuo de la selección brasileña y su lateral derecho, Arbeloa, se cargaba con una tarjeta amarilla demasiado pronto, en el minuto 15, con lo que ello supone para un defensa.

Sin embargo, Iniesta amenazaría la portería de Julio César para hacer notar a los crecidos brasileños que ganar al entonces campeón mundial no iba a ser un camino de rosas, a pesar de que el "efecto campo" daba más oportunidades a Brasil.

En el minuto 27 Jordi Alba, lateral izquierdo español, veía también la tarjeta amarilla, con lo que el desequilibrio de las fuerzas sobre el campo era ya evidente. Cinco minutos más tarde Casillas atajó el que casi fue el segundo gol de Brasil, mientras en el minuto 40 David Luiz salvó bajo palos el que podría haber sido el empate en un partido que emocionalmente, como se puede ver en la gráfica, dominaba el anfitrión.

Y así fue. La motivación de Brasil empujaba contra las cuerdas a *La Roja* y, en el minuto 43, Neymar marcaría el segundo gol, destrozando casi todas las oportunidades de que España remontara, no tanto por el marcador sino por el nivel de motivación en este punto del encuentro. Lo que se llama un "gol psicológico". Es cierto que llegaba el descanso, momento en que Vicente del Bosque iniciaba la difícil misión de cambiar al equipo a todos los niveles, no solo en lo estratégico.

NEYMAR JR. CELEBRA EL SEGUNDO GOL DE BRASIL

Comenzaba la segunda parte y, a los dos minutos, otro gol de Fred daba la puntilla a un partido imposible de levantar, y más aún cuando siete minutos después Sergio Ramos fallaba un penalti que podía haber dado un mínimo de esperanza a la selección española de remontar una final que tenía tan cuesta arriba. El encuentro estaba totalmente finalizado ya entonces, y la tarjeta roja directa a Gerard Piqué en el minuto 67 no hizo más que confirmar que la campeona del mundo, había sido incapaz de doblegar a una selección brasileña que había entrado al campo de juego con una mentalidad completamente ganadora, digna del mejor ejemplo de cómo se debe afrontar un partido de tales características.

¿Cómo aprovechar toda esta información, para sacar el máximo partido de un encuentro? Sin duda, los entrenadores, captan toda esta información mientras dan instrucciones a sus jugadores, pero la experiencia nos dice que los técnicos tienen que estar atentos a infinidad de detalles y este, el emocional y motivacional, es más complicado en el fragor de un partido, y mucho más cuando se trata de una final.

El manejo este tipo de información por expertos en motivación del deporte es la piedra filosofal que todo entrenador tiene y debe manejar con inteligencia.

El análisis emocional también se puede localizar en futbolistas de modo aislado durante un partido. Es posible medir si el deportista está al cien por cien concentrado, si su nivel de ansiedad le está perjudicando, si su estado de agresividad es demasiado elevado, si esa actitud está contagiando al resto del equipo, etcétera.

Por lo tanto, veis que estos datos emocionales, unidos a los que los técnicos manejan durante el partido, pueden aumentar la fiabilidad de las decisiones que se van tomando a lo largo de los 90 minutos de juego.

LA SUERTE ES IMPORTANTE
EN EL FÚTBOL, PERO NO
DEBE USARSE COMO EXCUSA

[El optimista siempre tiene un proyecto; el pesimista, una excusa]

CAPÍTULO SIETE

LA MALA SUERTE EN LOS PARTIDOS

LA SUERTE O LA MALA SUERTE EN LOS PARTIDOS DE FÚTBOL son los dos tabúes que todo entrenador debería evitar comentar en sala de prensa, y sobre todo delante de sus jugadores. Sin embargo, esa energía intangible está en la mente de cualquier profesional del fútbol. Cualquiera que vea una rueda de prensa en la que el entrenador esté hablando de la mala suerte por haber perdido un encuentro estará escuchando una excusa para no asumir la responsabilidad y además justificar que sus jugadores no hayan dado el cien por cien en el campo. Ahora bien, por muy objetivos que seamos, seguro que has disputado algún encuentro en donde te has sentido impotente por la mala fortuna que ha caído sobre tu equipo.

Vamos a analizar de nuevo la final de la Copa del Rey del año 2013 entre el Real Madrid y el Atlético de Madrid. En este partido se habló mucho de la mala suerte que tuvieron los merengues. Estas fueron las ocasiones más claras del equipo blanco:

- Minuto 42: Özil lanza directo al palo.
- Minuto 61: Benzema dispara al poste.
- Minuto 61: Juanfran salva bajo los palos una ocasión de gol.
- Minuto 69: Cristiano Ronaldo tira al palo.
- Minuto 105: Courtois saca un gol clarísimo a Higuaín.
- Minuto 109: Parada *in extremis* de Courtois a Özil.

Podemos ver que a partir del minuto 42, cuando Özil dispara al palo, empiezan a sucederse una serie de jugadas que consiguen desquiciar a los jugadores blancos. Y es que, cualquiera que haya visto este partido puede hablar sobre la mala suerte del Real Madrid, sin quitar mérito a los rojiblancos.

Con la suerte se explica lo que no tiene explicación. Sin embargo, hoy disponemos de conocimientos para encontrar el porqué de lo que no funciona. Un concepto llamado "pensamiento sistémico" que va más allá de todo esto y que desvela el "lado oculto" de los equipos. Para nosotros está claro que aquí hubo algo más que mala suerte. Se produjo un nudo sistémico que se reflejaba en la falta de precisión de los jugadores.

Por ejemplo, si un equipo A tiene el 60 por ciento de la posesión y provoca entre 10 y 15 ocasiones claras de gol, y otro equipo B tiene el 40 por ciento de la posesión y fabrica cinco ocasiones, lo más natural es que gane el equipo A. Sin embargo, si gana el B, es muy probable que se dé lo que se conoce como "nudo sistémico".

¿A qué nos referimos con "nudos sistémicos"? Hay una serie de principios que deben estar presentes en todos los equipos:

1. **TODO JUGADOR TIENE DERECHO A SER RECONOCIDO POR EL EQUIPO,** por lo que es, por lo que hace y por lo que ha hecho. Esto significa que cuando se excluye a un jugador, cosa que ocurre con mucha frecuencia en el fútbol de élite, se debe reconocer lo que ha podido aportar al equipo. Todas las salidas con "mal rollo" de un club de deportistas dejan una estela negativa durante un tiempo, y todo el grupo se resiente a nivel de rendimiento. En el caso del Real Madrid, había una falta de reconocimiento, en nuestra opinión, hacia Iker Casillas por parte de su entrenador, José Mourinho, y puede (no lo podemos afirmar con rotundidad sin haberlo comprobado, trabajando directamente a través de nuestras herramientas con el equipo merengue en este caso) que a nivel sistémico el conjunto estuviese debilitado.

2. **EN UN EQUIPO SANO SE DEBE RESPETAR EL NIVEL JERÁRQUICO.** El capitán o la estrella principal, se saltan la cadena de mando, ninguneando o quitando peso a las órdenes del entrenador. Esto desestructura toda la plantilla y puede ser motivo de una ruptura total de todo el grupo.

> [No le echemos la culpa a la mala suerte. Seamos consecuentes y responsables de nuestros propios errores, es la única forma de crecer y ganar.]

Otras veces se puede dañar este equilibrio cuando el presidente u otro directivo de un club quiere ejercer de entrenador y quitarle poder. En algunos casos es porque un nuevo fichaje debe ser titular, cuando los intereses económicos están por encima de los deportivos. Así también se produce una falla sistémica que habrá que atajar para poner freno a una mala cadena de mando.

EL EQUILIBRIO ENTRE LAS ESTRELLAS Y EL RESTO DE LA PLANTILLA ES FUNDAMENTAL

3. **DEBE EXISTIR EL EQUILIBRIO ENTRE DAR Y RECIBIR** en todas las relaciones dentro del equipo. Este principio se suele entender muy bien con los desajustes salariales que suelen existir en los equipos entre las estrellas y otros jugadores que, aunque no son tan "visibles", sí son muy relevantes a la hora de los resultados, por lo que se sienten en cierto modo engañados. De esta forma se manifestó **JOHAN CRUYFF** sobre **NEYMAR** en cuanto a la violación de este principio: «El Barça tiene un problema, y es que hay un jugador de 21 años que cobra más que el resto de los jugadores, que lo han ganado todo", en referencia al jugador brasileño. «A los 21 años nadie es Dios, y eso es un problema para el Barça y para el jugador».

La suerte no es un poder divino, y si buscas el fondo de lo que significan los principios anteriormente expuestos entenderás que es lógica pura y de sentido común. Los "malos rollos" de las personas que integran un equipo se traspasan al resto del grupo, lo que se entiende con facilidad. Por lo tanto, es también sencillo comprender que las partes afectan al todo y que el todo afecta a las partes, por lo que es imprescindible que la búsqueda de esa armonía esté presente de forma continua en los equipos para evitar fisuras que, a la larga, desequilibren los equipos.

CARLO ANCELOTTI, UNO DE LOS TÉCNICOS MÁS VALORADOS DE LA ACTUALIDAD

[No podemos controlar al adversario, pero sí prepararnos mentalmente para que nuestro juego sea más sólido que el acero]

CAPÍTULO OCHO

EL ENTRENADOR Y LA EXCELENCIA

ESTE CAPÍTULO TRATA DE UNA FIGURA IMPORTANTÍSIMA en el fútbol y que no está exenta de necesitar apoyo, más allá del propio equipo, ya que es alguien que vive bajo una presión enorme y debe desarrollar, más que nadie, un liderazgo ejemplar. El entrenador es el eje central del equipo.

Lo que queremos definir de forma precisa es el concepto de liderazgo. No importa si se habla de una empresa, un cabeza de equipo, un responsable familiar o un grupo de amigos. El liderazgo siempre es el mismo. Cómo lideras tu empresa, cómo lideras tu equipo, tu familia, tus amistades o tu propia vida. En el fútbol la figura del entrenador tiene esa gran responsabilidad: liderar a su equipo desde la excelencia. Controlando los egos de sus jugadores, potenciando su motivación, deshaciendo nudos internos del vestuario, forjando la unión, reflexionando sobre las circunstancias, etc. Es un "todo", y ese concepto le dota de un poder tremendo.

Cuando alguien se convierte en entrenador de fútbol tiene que ser consciente de que nunca se sabe lo suficiente y que el aprendizaje jamás termina. No puedes quedarte dormido y esperar que las cosas funcionen simplemente porque tu equipo tenga figuras brillantes para desarrollar tus estrategias de juego. Las estrellas suelen dejar de rendir adecuadamente bajo un mal liderazgo. Pero si este está bien gestionado, puedes convertir a un jugador que habitualmente brilla menos en alguien imprescindible en el campo, o en un aliado dentro del vestuario para conseguir el tan ansiado equilibrio.

Hay aspectos muy importantes, al margen de las tácticas estratégicas de campo, que un entrenador debe tener siempre muy presentes. Como "jefe" del equipo humano debes cuidar la aparición de animadversión hacia uno o algunos de tus jugadores, ya que si no la cuidas puede provocar que la emoción controle tus decisiones a la hora de alinear a ese jugador con el que no te entiendes bien a nivel personal, y que esa mala o simplemente fría relación lo desmotive entrenamiento tras entrenamiento.

Ten un adecuado aspecto físico, ya que si descuidas tu figura, comes de modo incorrecto y pareces "cualquier cosa" menos lo que en realidad deberías parecer, sufrirás el descrédito y la desconfianza de tu equipo. ¿Cómo les vas a pedir a tus futbolistas que corran y se esfuercen, cuando es obvio que tú no lo haces?

A veces, los objetivos trazados por el entrenador no incluyen el día a día, sino el partido semanal. Esto puede llegar, por el efecto "cansancio y rutina", a desmotivar a tu plantilla en los entrenamientos. El objetivo debe ser diario. Debes tener claro qué deseas conseguir en ese entrenamiento, quiénes pueden ayudarte a lograr ese objetivo y cómo lo vas a realizar. Entrenar con esa "agenda" puede ayudarte a fijar mucho mejor tus metas y, por ende, a determinar tus acciones.

Otro componente importantísimo es saber reforzar en cada momento, de modo positivo, tu plantilla. A la hora de motivar al futbolista cualquier avance que se produzca, individualmente y como equipo, por pequeño que sea, debe ser reconocido y hacerse patente para aumentar el estímulo.

Debes aprender a corregir los errores empleando la comprensión. No olvides nunca que estamos trabajando con personas que tienen emociones muy fuertes de modo continuo, que son jóvenes, por lo que su inexperiencia en la vida puede hacerles perder, de vez en cuando, la brújula en su responsabilidad con el club y consigo mismos.

El poder de un entrenador es muy grande, y esto hace que pueda aparecer el efecto "dictador" en un liderazgo mal gestionado. Deberías evitar que las cosas se hagan porque a ti te da la gana. Hay que explicar detalladamente el trabajo que se va a realizar, definir con realismo el objetivo al que se va a enfrentar el grupo y sobre todo transmitir confianza sobre las acciones a realizar, porque la motivación no vendrá de su esfuerzo en el trabajo, sino al ver que de ese esfuerzo, casi con toda seguridad, se obtendrán beneficios.

Dota a tu equipo de un estilo propio y homogéneo y perfecciónalo cada día, así evitarás hacer demasiados cambios en tu estilo de entrenamiento, rompiendo el núcleo de la concentración y confianza en tus acciones.

BANQUILLO DEL REAL MADRID

Cuida tu lenguaje. Que sea siempre positivo, sin dudar de la cualidades de tus futbolistas. Sé claro a la hora de expresarte. Sintetiza los conceptos y sé realista con tus palabras.

No se debe agobiar al jugador con un exceso de información ya que en vez de aclarar las ideas lo que consigues es el efecto contrario. Suministra las consignas necesarias poco a poco, para que el futbolista las vaya asimilando de forma progresiva.

> Si tus acciones inspiran a otros a soñar más, a aprender más, a hacer más y a ser mejores, eres un líder.
>
> **JACK WELCH**
> **ESCRITOR, FILÁNTROPO, INGENIERO QUÍMICO Y EMPRESARIO (EE.UU., 1935)**

Algo que también va a mantener la motivación de tu equipo es trazar objetivos realistas. Mantén los pies en el suelo siendo objetivo, porque si no nunca alcanzarás tus metas y tus jugadores se sentirán desmotivados y con sensación de fracaso.

Pero sobre todas las cosas debes conseguir ser, desde el primer momento, un entrenador creíble ante tu equipo. Engañar a un futbolista con falsas promesas diciéndole, por ejemplo, que es posible que le convoques para el próximo partido, cuando sabes que es improbable que eso ocurra, solo para lograr que se esfuerce más en los entrenamientos es una estrategia que se volverá en tu contra en forma de rencor.

Cuando se promete algo hay que cumplirlo, porque en caso contrario el entrenador pierde su credibilidad no solo ante ese jugador, sino frente el resto del equipo.

Sé dinámico y busca nuevas técnicas para mejorar las estrategias. Sé optimista y saca siempre la lectura positiva de todas las situaciones, sobre todo en las derrotas.

El entrenador no es un hombre de corazón de hielo ni un sargento de *Marines*, sino el responsable de un grupo de profesionales deportivos que necesitan respeto, calidez, afecto y motivación.

Vamos a estudiar a cinco entrenadores que, con formas diferentes de trabajo, han encontrado un estilo propio con una meta clara: llegar a la excelencia.

DIEGO PABLO SIMEONE, UNO DE LOS MEJORES ENTRENADORES DE LOS ÚLTIMOS AÑOS EN EL FÚTBOL EUROPEO

SIMEONE

EL QUE LLEVA CAMINO DE CONVERTIRSE en el mejor entrenador de la historia del Atlético de Madrid, Diego Pablo Simeone, nació el 28 de abril de 1970 en Buenos Aires (Argentina). A este hombre total del fútbol, tanto sobre el césped como en el banquillo, se le conoce por el sobrenombre de *Cholo*.

Como jugador, sus mayores logros fueron una Liga y una Copa del Rey con el Atlético de Madrid (donde recaló tras su paso por el Vélez Sarsfield argentino, el italiano Pisa y el español Sevilla) en el famoso doblete de la temporada 1996-97. Tras cinco años en el club del Manzanares, volvió a Italia, donde ganó una Copa de la UEFA con el Inter de Milán y Liga, Copa y Supercopa italiana con la Lazio. Tras regresar al Atlético de Madrid, terminó su carrera de vuelta en su país, en el mítico Racing de Avellaneda, en el año 2006. Con la selección argentina jugó nada menos que 106 encuentros, ganando dos Copas América, una Copa Confederaciones y la medalla de plata en los Juegos Olímpicos de Atlanta-96.

Su gran palmarés como jugador podría incluso quedarse pequeño ante su trayectoria como entrenador, etapa que inició en el club donde se retiró, el Racing de Avellaneda. De allí pasó a Estudiantes de La Plata, donde ya levantó su primer título como técnico: el Torneo Apertura-2006 de la Liga argentina.

Un año después dio el salto a un grande, River Plate, donde ganó el Torneo Clausura-2008. Sin embargo, en la siguiente temporada los malos resultados y la temprana eliminación de los *Millonarios* en cuartos de final de la Copa Sudamericana supusieron el único cese hasta la fecha de Simeone en un banquillo. Poco después de su salida, el River descendió por primera vez a la Segunda división argentina.

Aquella dura experiencia no minó el tesón y compromiso de Diego Pablo con el fútbol de alta competición. El siguiente equipo donde aterrizó como técnico fue otro clásico del campeonato argentino, San Lorenzo de Almagro, que le sirvió de puente para volver a Europa, de nuevo aterrizando en Italia para entrenar al Catania. Aunque llegó a mitad de temporada, Simeone logró salvar al Catania del descenso, realizando además la mejor campaña del equipo en la Serie A.

Sorpresivamente, en junio de 2011 se anunció el regreso de Diego Simeone al banquillo del Racing de Avellaneda. Pero fue un retorno fugaz. En diciembre del mismo año renunció al cargo, a pesar de hacer al equipo subcampeón en el Torneo Apertura-2011. Pero es que al *Cholo* le esperaba el retorno más ansiado. Ese mismo mes de diciembre de 2011, el Atlético de Madrid decidió traer al "hijo pródigo" de regreso a casa. Y qué regreso. En tan solo un año, y tras llegar a mitad de temporada a un equipo roto, el *Cholo* Simeone ya había añadido dos títulos al historial atlético: Europa League y Supercopa de Europa.

En mayo de 2013, el Atlético se aseguró un puesto entre los tres primeros de la Liga y el acceso directo a la Liga de Campeones, algo que el club rojiblanco no lograba desde hacía 17 años. Y no fue su único título, pues el Atlético se proclamó campeón de la Copa del Rey, también 17 años después del famoso doblete, tras vencer al Real Madrid de Cristiano Ronaldo en la final disputada... en el estadio Santiago Bernabéu.

Y un año después, hasta (casi) el infinito y más allá. Cuando parecía imposible, el Atlético de Madrid de Simeone desafió el "bipartidismo" reinante en la Liga española desde hacía años y se proclamó campeón de la Liga 2013-14. Gloria que pudo ser mayor de no ser por el madridista Sergio Ramos, que impidió al conjunto de la ribera del Manzanares ganar su primera Copa de Europa con aquel cabezazo en Lisboa, en la primera final de la Champions que enfrentaba a dos equipos de la misma ciudad. Faltaban tan solo dos minutos y el Atlético ganaba 1-0. Pero la historia volvió a ser cruel con el equipo rojiblanco, y el Madrid machacó luego 4-1 en la prórroga. La venganza llegó meses después, cuando el Atlético le ganó la Supercopa de España al Real Madrid.

No hace falta decir que todos estos éxitos subieron al Cholo Simeone a los altares tanto del Atlético de Madrid como del fútbol español.

Diego Pablo Simeone es, sin duda alguna, un líder. Alguien que, haciendo uso de su experiencia, ha madurado su visión del juego y ha sabido transmitir esa madurez a sus jugadores a través de un manejo maravilloso de las herramientas adquiridas a lo largo de su vida como jugador y entrenador. El *Cholo* ha hecho religión su mensaje "centrarse en la victoria partido a partido", sentencia que se ha hecho viral en el fútbol español en los últimos años.

Como jugador siempre tuvo fama de pelear en el campo rozando los límites del reglamento. Pero ahora, la madurez de su liderazgo le ha transformado en un hom-

EL "CHOLO" SIMEONE, EN UNO DE SUS PRIMEROS ENTRENAMIENTOS CON EL ATLÉTICO DE MADRID

bre lleno de calma y con una visión estratégica sobre el terreno de juego. Listo, poderoso, creíble y, sobre todo, flexible en su pensamiento. Nosotros nos atrevemos a calificarlo como un "resucitador", capaz de despertar a los leones e integrarlos en una misma manada de una forma que resulta del todo natural. Su intensidad como jugador se ha transformado en capacidad y entendimiento, como bases fundamentales para lograr la plena motivación de sus jugadores.

Simeone prefiere un jugador bueno que esté convencido a uno excelente que dude. Ha sabido inculcar en sus jugadores un modo de juego en el que el esfuerzo no se negocia. Parece que sus jugadores, a día de hoy, han entendido este modelo sin dolor, sin acritud, solo tomando conciencia de que es imposible correr lo suficiente como para ahogarte en tu propio sudor.

Por lo tanto ellos, simplemente, hacen lo que saben que pueden hacer, a lo que Diego Pablo les ha demostrado que pueden llegar. Todos los componentes del equipo, como si fueran uno, obedecen y creen en sus posibilidades, porque este grandioso técnico ha sabido unirlos y transmitirles esta confianza.

EL "MONO" BURGOS, EN EL CÍRCULO, EL PERFECTO COMPLEMENTO DE LOS ÉXITOS DE SIMEONE EN EL BANQUILLO ROJIBLANCO

Solo hay una cuestión que ha afectado sensiblemente a su desarrollo deportivo: los medios de comunicación, en algún momento de su vida, han traspasado lo deportivo para meterse en su vida personal. Su unión matrimonial con la que es madre de sus tres hijos pasó por momentos muy complicados, y los aficionados rivales llevaron al campo esa ropa que debería haberse lavado en casa. La mala gestión de aquel trance pudo desestabilizar su proceso deportivo. El equilibrio emocional debe ser completo. Como hemos recalcado a lo largo de este libro, todo afecta. Lo de dentro y lo de fuera. Para parar aquella exposición pública de su vida pública le hubiera sido útil la asistencia profesional para ayudarle a diseñar el modo de salir de aquella situación sin sentirse herido.

Otro aspecto que merece mención en este caso es la importancia de rodearte en el trabajo de personas que te complementen y te entiendan a la perfección. Simeone no ha caminado solo en su desarrollo como técnico. Se ha unido en cuerpo y alma a un amigo desde su llegada al Racing de Avellaneda. Un compañero de su anterior vida como jugador. Un halcón vigilante que complementa al *Cholo* a la perfección. Hablamos de Germán Adrián Ramón Burgos, más conocido en su faceta de portero como **"MONO" BURGOS**.

Este argentino, nacido el 16 de abril de 1969 en Mar del Plata, conquistó muchos títulos como portero del River Plate: Apertura-1994, 1996 y 1997; la Copa Libertadores-1996, el Clausura-1997 y la Supercopa Sudamericana-1997. Con este brillante palmarés en el currículum, emigró a la Liga española, concretamente al Mallorca. Tras dos temporadas en la isla, recaló en el Atlético de Madrid, donde coincidió con el *Cholo* Simeone. Colgó los guantes en el Vicente Calderón en 2004.

Germán Burgos siempre ha sido un luchador dentro y fuera del terreno de juego. A principios del año 2003 se le diagnosticó un cáncer de riñón que lo tuvo apartado del fútbol durante unos meses. En una entrevista comentaba su reacción al conocer la noticia con su humor habitual: «Fue algo inesperado. Vienen un día y te dicen: "Te tienes que operar, que es cáncer". Yo tenía que jugar ese fin de semana contra el Mallorca y le dije al doctor: "Mejor me opero el lunes". Pero los médicos y Luis Aragonés me dijeron que me tenía que operar ya y decidimos hacerlo lo más rápido posible. Fue una decisión acertada».

Cholo y *Mono*, *Mono* y *Cholo*. Dos liderazgos muy bien complementados y que creen en algo que les une: "las estadísticas se basan en el trabajo".

Mientras escribimos este libro, la creatividad de Diego Pablo Simeone y su segundo de a bordo, Germán Burgos, han elevado al Atlético de Madrid a la máxima categoría del fútbol español, al mismo nivel que Real Madrid y Barcelona. Es un hecho que estos dos grandes del fútbol saben transmitir lo que tienen en sus mentes al terreno de juego con maestría. Un liderazgo perfecto gracias a la inteligente y no sencilla elección que realizó Diego de su segundo entrenador.

En el libro escrito por Diego Pablo y Santiago Pablo Bustamente *El efecto Simeone. La motivación como estrategia* hay unas palabras que queremos destacar aquí y que describen muy bien cómo entiende el *Cholo* su propia dirección:

> *Es muy importante la labor de seducción del grupo. Hay que cautivarlo con tus palabras, con tus hechos, para llevarlo donde vos quieras, donde creés que es conveniente situarlo. De esta manera empezás a poner la primera piedra para conseguir posteriormente el éxito. El grupo tiene que estar con vos, tiene que creerte. Si duda de vos o desconfía, las piedras empiezan a aparecer en el camino.*

Ese pensamiento es un gran cimiento para un liderazgo que lleve al equipo a la excelencia del juego. Una mente que ha nacido para dirigir.

Nosotros hemos trabajado en algún momento tanto con Diego como con Germán y, de hecho, les pedimos a ambos que hiciesen la labor de presentación y cierre de este libro ya que representan muchos de los valores que, profesionalmente, nos gusta desarrollar en nuestro clientes.

[El líder efectivo es aquel que permite que aflore el talento de su equipo sin tener miedo a que eclipse el suyo]

PEP GUARDIOLA, EL TÉCNICO MÁS DESEADO POR LOS GRANDES EQUIPOS DEL FÚTBOL MUNDIAL

GUARDIOLA

EL ENTRENADOR NÚMERO UNO DE LA ACTUALIDAD (2016) es sin duda Josep Guardiola i Sala, más conocido como *Pep* Guardiola (Sampedor, Barcelona, 1971), que comenzó su carrera deportiva en el Gimnàstic de Manresa, de donde "saltó" a la fructífera cantera del Barcelona en 1984. Debutó con el primero equipo del Barça en 1990, y desde el principio destacó por su extraordinaria visión de juego en su posición de mediocentro. Fue el primer "gran descubrimiento" de la etapa de Johan Cruyff en el banquillo culé y parte fundamental del famoso Dream Team de los primeros años noventa, con el que ganó seis Ligas, dos Copas del Rey, cuatro Supercopas de España, una Recopa de Europa, dos Supercopas de Europa y, por encima de todo, la primera Copa de Europa de la historia del Barcelona, aquella del mítico "zapatazo" de Ronald Koeman en la final de 1992, en Wembley. Con la selección española Guardiola disputó 47 partidos, y ganó la medalla de oro en los Juegos Olímpicos de Barcelona-1992. Tras más de una década como azulgrana, inició un periplo que le llevó al Brescia y a la Roma (Italia), al Al-Ahli Doha (Qatar) y al Dorados de Sinaloa (México), donde se retiró en 2006.

Al año siguiente comenzó su carrera como técnico en el segundo equipo del Barcelona, desde donde, solo una temporada después, se convirtió en la gran apuesta del presidente azulgrana, Joan Laporta, que se arriesgó ofreciendo el banquillo del primer equipo a alguien que había sido una leyenda como jugador, pero que solo atesoraba un año de experiencia como entrenador, y además en Segunda B.

Y no pudo ser una apuesta más afortunada. La primera temporada de Pep Guardiola como entrenador del Barcelona ha supuesto hasta la fecha la campaña más exitosa de un equipo en la historia del fútbol mundial, pues ganó los seis títulos que disputó: Liga, Copa del Rey, Supercopa de España, Supercopa de Europa, Copa de Europa y Mundial de Clubes (antigua Copa Intercontinental).

GUARDIOLA, EN UN ENTRENAMIENTO DEL BAYERN DE MÚNICH

La Federtación Internacional de Historia y estadística del Fútbol nombró a Pep Guardiola mejor entrenador del año en 2009 y 2011. Tras abandonar por voluntad propia el Barcelona, es entrenador del Bayern de Múnich desde el año 2013, donde ha ganado una Supercopa de Europa, dos Bundesligas y una Copa de Alemania. En el momento de escribir estas líneas, principios de 2016, parece que el de Sampedor recalará en breve en la Premier League inglesa, donde los mejores equipos (Manchester City, Manchester United y Chelsea) se lo rifan.

Pep Guardiola ha conseguido como entrenador llegar casi a su excelencia. Ha creado una marca personal, característica más propia de jugadores pero no tanto de entrenadores, cuando lo importante a la hora de dirigir un equipo es precisamente eso, crear un estilo propio tanto dentro como fuera del campo. Guardiola ha sabido desarrollar su "personal branding". Ha sabido rentabilizar más su trabajo técnico que el que realizó como jugador, lo cual ya era una misión muy difícil. Un hombre con el liderazgo bien definido, sin duda.

Pep siempre ha planificado su liderazgo como entrenador adecuándose a los valores que ha querido incluir en su propia marca. Ha gestionado con maestría las herramientas y medios de comunicación para vender una imagen muy definida, no solo frente hacia su público, sino también ante los jugadores que dirige.

Ahora bien, nosotros creemos que Guardiola ha cometido un error en el desarrollo de esta marca que puede pasarle factura. Este fallo no es otro que haberse posicionado políticamente, y de manera pública, al lado de la tendencia independentista de Cataluña. No es desde luego un error tener una convicción sobre un tema tan sensible. El problema, en este caso, llega cuando en los medios de comunicación el técnico catalán no descarta convertirse en entrenador de la selección española.

Se trata sin duda de una incongruencia. Esta decisión de posicionamiento político convierte su posibilidad de dirigir a *La Roja* en un problema. «¿Entrenar a España? Nunca se sabe», ha asegurado Pep, dejando una puerta abierta a dicha posibilidad.

No cabe duda de que respecto a su imagen pública, antes de sus declaraciones a favor del separatismo catalán no había casi nada que objetar. Guardiola siempre ha sido un hombre políticamente correcto en sus declaraciones a los medios. Ha tratado de evitar en ruedas de prensa confrontaciones desestabilizadoras con los equipos contrincantes. Ha manejado su imagen de persona afable, tímida, respetuosa y competente de un modo magistral. Así que no entendemos cómo ha permitido que trasciendan a los medios esas declaraciones con matices políticos separatistas. Si no descartas entrenar a tu selección, obviamente esa decisión no es acertada.

¿Cómo se puede evitar cometer este tipo de errores? Quizá el asesoramiento de un coach, o de un asesor de imagen, podrá ayudar a crear mejor tu marca personal, definiendo las acciones que debes o no tomar, evitando así quedar perdido en jardines de difícil salida.

Ten en cuenta que la imagen pública y el discurso de un entrenador de cara a los medios deben ser inmaculados. Los españoles en general, y los directivos de la Federación española en particular, no olvidarán estas declaraciones, por lo que Pep tendrá más dificultad para alcanzar esta opción laboral hasta que no encuentre la manera de deshacer el nudo de declaraciones ambiguas con las que ha regado el jardín de donde ahora es complicado salir. Y es una pena, porque sin duda Pep ha demostrado un liderazgo que ha rozado la excelencia, y en nuestra opinión sería un gran candidato para este puesto.

[La tarea de un líder es llevar a su gente de donde está hasta donde no haya llegado jamás]

HENRY KISSINGER

SECRETARIO DE ESTADO DE LOS EE.UU. (FÜRTH, ALEMANIA, 1923)

JOSÉ MOURINHO, EL TÉCNICO MÁS CONTROVERTIDO DE LOS ÚLTIMOS TIEMPOS

JOSÉ MÁRIO DOS SANTOS MOURINHO FÉLIX nació en Setúbal (Portugal) el 26 de enero de 1963. Su vida estuvo vinculada al fútbol desde la infancia. Su padre, Félix Mourinho, fue portero y posteriormente entrenador. José ya destacaba desde pequeño por su fuerte liderazgo y esa forma de ser tan particular que, con el paso del tiempo, se ha convertido en auténtica marca personal.

Mourinho estudió en el Instituto Superior de Educación Física y más adelante se sacó la licencia UEFA de entrenador en Escocia. Su destino estaba cantado. Lo había intentado como jugador en algunos clubes portugueses como Os Belenenses, pero a los 24 años fue realista y se dedicó en exclusiva a la carrera de entrenador.

El técnico Manuel Fernández le invitó a formar parte de su equipo técnico en el Estrela de Amadora. Pasado un tiempo, el mítico entrenador inglés Sir Bobby Robson le fichó como su ayudante, primero en el Sporting de Lisboa, después en el Oporto y, por último, en su única temporada al frente del Barcelona de Ronaldo, allá por el año 1996. Continuó Mourinho en Can Barça junto a Louis van Gaal, primero como asesor y después como segundo entrenador. En esa época coincidió con Pep Guardiola, que todavía seguía siendo jugador azulgrana.

Tras su salida del Barcelona, Robson le ofreció acompañarle como segundo entrenador del Newcastle de la Premier League, pero Mourinho rechazó la propuesta al considerar que había terminado su ciclo como ayudante, y regresó a Portugal para iniciar su carrera de primer entrenador.

Tras breves estancias en el Benfica y el União de Leiria, a Mourinho le llegó la gran oportunidad de su vida en enero de 2002 al fichar por el Oporto. En sus dos años con los *Dragões* Mourinho subió a los cielos futbolísticos tras ganar dos Ligas portuguesas, una Copa, una Supercopa de Portugal, la Copa de la UEFA... y nada más y nada menos que la Copa de Europa, la Champions League, en 2004.

JOSÉ MOURINHO, CAMPEÓN DE LA COPA DE EUROPA CON EL OPORTO CON TAN SOLO 31 AÑOS

Estos éxitos le convirtieron, a sus escasos 31 años, en el técnico más deseado de Europa, y el Chelsea del millonario ruso Roman Abramovich no paró hasta hacerse con sus servicios ese mismo año 2004, no sin antes convertir al portugués en el entrenador mejor pagado del mundo en aquellos momentos, con 4,2 millones de libras al año. Un año después, renovó su contrato hasta los 5,2 millones de libras.

El gran ego de Mou hizo su "presentación" en su primera rueda de prensa como técnico del Chelsea. Sus palabras fueron: «Por favor, no me llamen arrogante, pero soy campeón europeo y pienso que soy un tipo especial». Ante esto, los medios de comunicación ingleses le apodaron *The Special One*.

En sus tres temporadas y pico de su primera etapa en el club londinense, Mourinho ganó, entre otros títulos, dos Ligas inglesas. El Chelsea hacía nada menos que 50 años que no ganaba el título de la Premier League, por lo que el luso se ganó un hueco de honor en el corazón de los aficionados *blues*. Sin embargo, como en el fútbol la memoria es débil, Abramovich le destituyó en los primeros partidos de la temporada 2007-08 por los malos resultados iniciales del equipo.

Nueva etapa, nuevo país... y nuevo éxito arrollador. En las dos temporadas en las que Mourinho entrenó a otro histórico, el Inter de Milán del *Scudetto* italiano, el técnico portugués añadió a su extraordinario palmarés dos Ligas italianas, una Copa, una Supercopa italiana... y su segunda Copa de Europa, tras batir en la final al Bayern de Múnich en el estadio Santiago Bernabéu.

Fiel a su estilo, en pleno éxito, Mourinho volvió a erigirse en protagonista al fichar por el dueño del estadio donde había ganado su segunda Champions: el Real Madrid. El mundo del fútbol se volvió loco. Florentino Pérez, presidente del conjunto blanco, fichaba al entrenador más polémico del mundo para que terminase con la época dorada que estaba escribiendo Pep Guardiola al frente del gran rival del conjunto blanco: el Barcelona.

Y como no podía ser de otra forma, la personalidad arrolladora de Mou convulsionó el banquillo del Real Madrid ya desde sus primeros días en la capital de España, al prescindir de dos figuras históricas blancas como Guti y Raúl. Mourinho, fijó como referente del Real Madrid a Cristiano Ronaldo.

Empezaría entonces, una época con muchas luces y sombras, tanto dentro como fuera del campo, alimentadas casi siempre por las polémicas declaraciones del técnico portugués, siempre llenas de controversia. Fueron tres años los de Mourinho caracterizados por la tensión, los malos rollos y la polémica permanente en el vestuario, que terminó saltando en pedazos. Porque, además, los resultados deportivos no fueron los que se esperaban en la aventura blanca de Mourinho, y eso que se ganó una Copa del Rey y una Liga, ambas ante el todopoderoso Barcelona de Guardiola.

La gestión emocional estuvo ausente en la etapa de Mourinho como técnico del Real Madrid. Su mala relación con algunos de sus jugadores y las diversas declaraciones en prensa de unos y otros con tonos acusatorios rompieron la armonía del equipo casi desde el principio. El problema interno que más trascendió a los medios fue la mala relación de Mourinho con el portero y capitán del equipo, Iker Casillas.

El origen del problema es desconocido. Cuenta el periodista Diego Torres, del diario *El País*, en su libro *Prepárense para perder. La era Mouriho*, que una de las intenciones del técnico era hacer del Real Madrid un club que siguiera a rajatabla su modelo deportivo y le otorgara una independencia absoluta para hacer y deshacer a su gusto en el área deportiva.

Para dejar claro este uso del poder, Mou prohibió el acceso a los palcos de entrenamiento a todo el mundo, salvo petición personal que sería valorada por él mismo. Sin embargo, a su agente y representante, Jorge Mendes, le dio libertad total de movimientos. Solo se restringió su libre acceso al gimnasio y el vestuario.

Casillas, que era el capitán y líder absoluto del vestuario hasta ese momento, vio con malos ojos esta decisión que afectaba a los jugadores, pues les impedía traer a sus familiares y amigos a los entrenamientos. Así que Iker optó por ignorar al representante de Mou y tratarlo como a un mueble. No le saludaba ni le dirigía la palabra entrenamiento tras entrenamiento.

No se sabe muy bien el origen del conflicto, pero en 2011 ya fue del todo pública la mala relación entre técnico y portero. Algunas versiones sin confirmar también señalaron a la periodista deportiva y pareja de Casillas, Sara Carbonero, como parte del problema, al usar su espacio informativo en Telecinco para cuestionar ciertas decisiones de Mourinho.

Sea cual sea el conflicto personal entre estos dos astros del fútbol, lo cierto es que el técnico acabó quitando la titularidad a Iker Casillas, aprovechando sobre todo una lesión del portero en Valencia, haciendo declaraciones públicas en las que dejaba clara su percepción sobre la calidad del guardameta, a quien consideraba inferior al segundo portero del Real Madrid, Diego López, fichado en el mercado de invierno cuando Casillas estaba recuperándose de su lesión. Meses antes había intentado lo mismo con el otro portero de la plantilla, Antonio Adán. Mourinho, como suele, no se cortó en sus declaraciones: «Me gusta más Diego López que Casillas. Es simple».

Este conflicto dividió profundamente al vestuario merengue, y su derrota contra el Atlético de Madrid en la final de la Copa del Rey de 2013 provocaron finalmente la salida de José Mourinho del club blanco, dejando muchas heridas abiertas que aún hoy, casi tres años después, continúan abiertas.

> La mayor parte de las rupturas en un equipo se deben a jugadores que quieren ser más importantes que el propio equipo o al entrenador que quiere eclipsar al resto de jugadores

Nadie pone en duda, y menos nosotros, la valía del técnico luso. Pero su modo de liderar, su carácter impulsivo y su lenguaje ácido y lleno de dardos han ensombrecido demasiadas veces sus magníficos logros deportivos. Estos son algunos de los "dardos" que fue dejando en sus numerosas ruedas de prensa:

- «Guardiola ha ganado una Champions que a mí me daría vergüenza».
  El respeto por tus colegas es fundamental. Puedes pensar lo que quieras, pero has de tener mucho cuidado en dar a conocer cada uno de esos pensamientos. Hay que filtrar más nuestras ideas cuando estamos a cargo de un gran equipo que necesita toda la estabilidad posible, dentro y fuera del campo.

- «Los 50 goles de Messi no han servido para nada».
  Mou tenía razón al hacer estas declaraciones, ya que el medio centenar de goles del astro argentino no valieron para darle el título de Liga al Barcelona.

POCAS "GUERRAS" HEMOS VIVIDO MÁS VISCERALES Y MÁS MEDIÁTICAS COMO LA QUE PROTAGONIZARON IKER CASILLAS Y JOSÉ MOURINHO EN LA ÚLTIMA TEMPORADA DEL LUSO EN EL BANQUILLO DEL REAL MADRID

BOTE 31
as
Luis Suárez hizo un hat-trick en ausencia de Messi y Neymar
EL CHELSEA, A UN PUNTO DEL DESCENSO, PRESCINDE DE ÉL
INGLATERRA LE CAMBIA EL APODO: DE 'SPECIAL ONE' A 'SPECIAL GONE'
MOURINHO ANDA SUELTO

frie a goles al Guangzhou
CAE EN EL CHELSEA Y DISPARA LAS CÁBALAS EN MADRID Y EN TODA EUROPA
MOU ANDA SUELTO
pero Abramovich sueña con Pep
«¿Mourinho al Madrid? Nadie puede predecir el futuro»
Coge plaza en el 'Top 18'
Otra renovación con desgaste
BOTE 31

LAS PORTADAS DE LOS DIARIOS DEPORTIVOS "AS" Y "MARCA" EL DÍA QUE MOURINHO FUE DESTITUIDO EN EL CHELSEA EN DICIEMBRE DE 2015; TANTA CASUALIDAD SOLO LO PUEDE HACER UN "MONSTRUO" COMO MOU

Esta frase, leída de modo aislado, crea controversia. Porque parece que está denostando el trabajo de Messi, cuando no es así. Por lo tanto, en ruedas de prensa y entrevistas hay que hacer un gran esfuerzo de concentración para no cometer errores como este. Tener claro el discurso es fundamental.

Tras dejar el club blanco, Mourinho vivió una segunda etapa en el Chelsea. Tras ganar una nueva Premier y una Copa de la Liga con el club de Stamford Bridge en la temporada 2014-15, el horrible inicio de los *Blues* en la siguiente campaña dieron con los huesos de Mourinho fuera de su banquillo en diciembre de 2015. Cuando el Chelsea rescindió el contrato del portugues, los populares diarios deportivos madrileños *As* y *Marca* calcaron el titular en sus portadas: «Mou anda suelto».

VICENTE DEL BOSQUE, CAMPEÓN DE EUROPA Y DEL MUNDO CON "LA ROJA"

DEL BOSQUE

EL "HOMBRE TRANQUILO", Vicente del Bosque González, nació en Salamanca el 23 de diciembre de 1950. Su trayectoria como jugador se desarrolló casi exclusivamente en el Real Madrid, donde jugó 11 temporadas y ganó cinco Ligas y cinco Copas. Centrocampista cerrado, Del Bosque, al que apodaban *Cámara Lenta*, destacaba por su visión de juego y su organización. Fue 11 veces internacional on España. Tras retirarse en 1984, se formó como entrenador en las categorías inferiores del club blanco. Se convirtió en una especie de Molowny, técnico de la casa que valía para un roto y para un descosido, y así entrenó al primer equipo durante breves periodos tra las destituciones de Benito Floro en 1994 y de Jorge Valdano en 1996. Vicente tuvo que esperar a la temporada 1999-2000 para que la directiva de Lorenzo Sanz confiara por fin en él para un proyecto a largo plazo tras sustituir a John Benjamin Toshack.

Y llegaron los triunfos. Primero, la Champions del año 2000 tras vencer 3-0 al Valencia en la primera final de la historia de la Copa de Europa en que se enfrentaban dos conjuntos del mismo país. Y después, como técnico del "Madrid de los Galácticos", cuando con Florentino Pérez en la presidencia fueron llegando las figuras de talla mundial como Figo ("robado" al Barcelona), Zidane o Ronaldo. En total, Vicente Del Bosque ganó dos Ligas, dos Champions League, una Supercopa de Europa, una Supercopa de España y una Copa Intercontinental como técnico "galáctico". Sin embargo, un día después de que el Madrid ganara su vigésimo noveno título de Liga en 2003, Florentino Pérez despidió al técnico salmantino, pues no parecía ajustarse a la excelencia en marketing que se buscaba para el equipo blanco.

Tras una corta estancia en el Besiktas turco, en 2008 se confirmó el nombramiento de Vicente del Bosque como nuevo seleccionador de fútbol español en sustitución de Luis Aragonés, que dejaba *La Roja* como campeona de la Eurocopa.

A partir de ahí, la historia es inolvidable: Vicente del Bosque es el único entrenador de la historia del fútbol que ha ganado el Mundial (2010), la Liga de Campeones (2000 y 2002) y una Eurocopa (2012). Los españoles le debemos a don Vicente del Bosque un respeto máximo por ser nuestro mejor embajador en el mundo del fútbol y por haber vivido todos estos triunfos de un modo impoluto a nivel humano.

El técnico salmantino es un hombre con un liderazgo pulcro y amable. Su comportamiento tanto en el Real Madrid como al mando de la selección española, ha sido transparente y educado. Ni los medios de comunicación ni los aficionados pueden objetar nada de su comportamiento. Dentro y fuera del campo, Vicente del Bosque ha tenido una imagen de 10. Su marca como técnico es casi perfecta. Sí, "casi". No es un error emplear esa palabra, ya que existe un aspecto del adorado Vicente que le ha dado algún problema en su carrera como técnico.

Nadie entendió en 2003 el cese en su club de toda la vida, el Real Madrid, a pesar de haber logrado tantos triunfos en tan solo cuatro años. Los mentideros apuntaron hacia una dirección: la imagen física del técnico no era la adecuada para un club como aquel, tan lleno de estrellas. Al parecer, Florentino Pérez quería un entrenador que emitiese una imagen más moderna, ágil y glamurosa.

Suponemos que hubo más desavenencias, pero no nos cabe duda de que la imagen de un entrenador debe ser cuidada al extremo. Eres el referente de un equipo de élite y tu liderazgo e imagen se van a vender por todo el planeta. ¿No crees que la apariencia física puede ser un hándicap para que una directiva se pronuncie a favor o en contra de un fichaje?

Florentino Pérez justificó así la rescisión del contrato de Vicente del Bosque: «El futuro de la dirección técnica del Real Madrid tiene que tener unos componentes distintos a los que tenía hasta ahora». Obviamente, no se refería de modo explícito a la imagen del salmantino, pero da que pensar el hecho de dar con la puerta en la cara a un técnico de su prestigio, y al día siguiente de ganar una Liga, alegando que «prescindimos de Vicente del Bosque porque se le ve agotado", a pesar de que al afectado no le parecía una razón convincente ni que fuera la razón real del cese.

Pero alabamos su forma de liderazgo. Un hombre con el guante blanco para robar los corazones de sus jugadores y de la afición. Solo podemos elogiar su modo de dirigir y sus formas ante el mundo entero, con una imagen humilde y campechana.

EN RESUMEN...

Digamos que el resumen de un liderazgo dentro de la excelencia abarcaría la resolución de conflictos en el vestuario, equilibrar los egos de tanta estrella sobre el terreno de juego, crear estrategias innovadoras, fabricar una marca personal, ser el

VICENTE DEL BOSQUE EN PLENA CELEBRACIÓN DE LA VICTORIA EN EL MUNDIAL-2010

referente de tus jugadores a través de la credibilidad propia, cuidar el lenguaje y la manera de comunicarte con medios de prensa, directiva y los propios jugadores. Llegar a ser un gran entrenador es una carrera de fondo y una manera maravillosa de desarrollar las herramientas y conocimientos adquiridos a lo largo de una vida profesional y personal.

Pero como en cada capítulo hemos apostillado, con la ayuda de un profesional en coaching deportivo, alcanzarás todos estos objetivos, ya que no hay que ser un experto de táctica de campo para comprender la estrategia que nos dota de inteligencia emocional y así superar cualquier obstáculo.

[El pesimista se queja del viento, el optimista espera que cambie, el líder arregla las velas]

JOHN MAXWELL

ESCRITOR, COACH Y CONFERENCIANTE (ESTADOS UNIDOS, 1947)

El liderazgo técnico desde la excelencia debería consistir en entrenar y desarrollar la parte física y estratégica del juego sin olvidar tu responsabilidad como entrenador mental de cada una de las estrellas que de ti dependen. Si no conoces las iniciativas innovadoras en esta segunda parte de tu liderazgo, ¿a qué esperas para empezar a trabajar técnicas de desarrollo de esa piedra preciosa que es la mente?

PSICOLÓGICAMENTE
HABLANDO, LOS GOLES
FUERA DE CASA TIENEN
TAMBIÉN MÁS MÉRITO

[El oponente es siempre más alto, más grande y más fuerte en tu mente que en el terreno de juego]

CAPÍTULO NUEVE

EL JUGADOR Y EL EFECTO CAMPO CONTRARIO

SE HAN HECHO MUCHOS ESTUDIOS para comprobar los efectos psicológicos del rendimiento tanto en los partidos jugados casa como en campo contrario. El cómo reacciona un equipo entero, o cada jugador de forma aislada, tiene muchos componentes. Cuando uno juega en casa, los efectos del público local, el hecho de conocer y estar familiarizado con el campo, los vestuarios, la gente que trabaja en ese entorno (como utilleros o responsables de la seguridad) y el efecto psicológico y físico sobre los jugadores del campo visitante, por el viaje al campo contrario, hacen que las estadísticas demuestren que influyen en el resultado.

Una investigación de la Universidad de las Islas Baleares ha estudiado estos efectos en la Liga de Fútbol Profesional y la Liga Nacional de Fútbol Sala. Se analizaron los resultados de todos los partidos entre las temporadas 2005-06 y 2009-10 en las respectivas ligas, excluyendo los resultados 0-0. Se estudió la ventaja de jugar en casa, la ventaja de jugar en casa para marcar el primer gol y la ventaja de marcar el primer gol en general. Tras un análisis estadístico, estos fueron los resultados:

- La ventaja de jugar en casa fue de un 60,21% y 62,67% en ambas ligas.
- La ventaja de jugar en casa para marcar el primer gol fue del 56,96% y 57,30% respectivamente. Los equipos locales que marcaron el primer gol ganaron en un 74,45% de los partidos, se empató en un 18,86%, y se perdió un 6,69%.
- Si el equipo que marcó primero fue el visitante, dicho conjunto ganó en un 62,09% de las ocasiones, empató el 18,10% y perdió el 19,81%.

En conclusión, la probabilidad de que el equipo local gane el partido si estrena el marcador es mayor que la probabilidad de que gane el partido el equipo visitante, en la misma situación, es decir, si marca el primer gol del partido.

> [Las estadísticas muestran lo atractivo pero ocultan lo vital]

En nuestros estudios, analizando las últimas temporadas disputadas en la Primera división española, estos fueron los resultados del impacto del efecto "campo contrario": los equipos que jugaron en casa ganaron un 89% más que jugando fuera de casa en la temporada 2010-11; un 91% en la 2011-12; un 76% en la 2012-13; un 56% en la 2013-14; y un 45% en la 2014-15.

Aunque en los últimos años la diferencia se ha estrechado, sigue siendo bastante grande la brecha que hay entre los partidos ganados en casa y a domicilio, siendo los contrincantes exactamente los mismos en ambos casos. El efecto del apoyo de la afición tiene mucho peso en los resultados estadísticos según los estudios psicológicos.

El sentimiento de pertenencia al grupo y de compartir emociones durante el transcurso del encuentro refuerza la autoestima de los jugadores y aumenta la identidad social, propiciando un mejor rendimiento a nivel individual y de equipo. Ayuda también el hecho de que, al jugar en casa, evitamos el desplazamiento, que suele incomodar a los jugadores.

> [Nadie puede hacer que nos sintamos inferiores sin nuestro consentimiento
> **ELEANOR ROOSEVELT**
> **EX PRIMERA DAMA DE LOS ESTADOS UNIDOS (EE.UU., 1884-1962)**]

Las estadísticas también demuestran que los jugadores visitantes cometen más faltas que el equipo local. Esa inseguridad, la sensación de no poseer el control del entorno que genera jugar fuera de tu entorno habitual puede convertir al jugador en más agresivo de lo habitual.

Nosotros vamos a defender siempre la idea de que si tu equipo, no trabaja a nivel psicológico su juego, es fácil que se cumplan las estadísticas expuestas anteriormente. Sin embargo, en el momento en que adquiráis herramientas mentales, el control de vuestro juego mejorará y las presiones externas dejarán de tener tanto poder sobre los resultados. Por lo tanto, dispondréis de la ventaja del ganador tanto dentro como fuera de casa. No seréis víctimas de ninguna estadística.

ESTADÍSTICAMENTE, LA AFICIÓN JUEGA UN PAPEL IMPORTANTE EN EL RENDIMIENTO DEL EQUIPO VISITANTE

EL GRAN GARY LINEKER
NO VIO NI UNA SOLA
TARJETA AMARILLA EN
TODA SU CARRERA

[Antes de que otros crean en ti, tú tienes que creer en ti mismo]

CAPÍTULO DIEZ

EL JUGADOR Y LA EXCELENCIA

PARA DESARROLLAR ESTE CAPÍTULO necesitamos que viajes mentalmente, a tu pasado más remoto. A la tierna infancia. Desde niños se nos inculca, a través de la educación familiar y en el colegio, la importancia de esforzarnos para dar lo mejor de nosotros mismos. Se supone que de esta manera desarrollamos herramientas necesarias para nuestra vida como adultos. En resumen, nos esforzamos para superar barreras en el trabajo, la vida personal, y en vuestro caso en el fútbol.

Esta es la forma de aprender que nos han impuesto en la escuela y que han reforzado nuestros padres. En el mundo de la psicología y desarrollo de capacidades mentales se denomina creencia a la idea que das por válida sin haber conocido otras o sin siquiera haber pensado que pueda ser de otro modo, ya que ese concepto ha sido inculcado día tras día en nuestra mente, sin darnos la oportunidad de cambiar de estrategia. Por lo tanto, si recuerdas las palabras de tus entrenadores cuando eras pequeño, tendrás frases muy parecidas a estas bailando en tu mente:

- «Sin esfuerzo, no hay triunfo»
- «Haz que esté orgulloso de ti»

- «El que lucha con dureza por algo lo saboreará mejor»
- «Si no duele, no te has esforzado lo suficiente»

[Que nadie te diga nunca que no eres capaz de lograrlo]

Así que no es de extrañar que con frecuencia encontremos futbolistas que asumen este tipo de creencias con gran convicción y que viven su vida profesional con una exigencia enorme para cumplir con los resultados y tener contentos a sus entrenadores, a los directivos del club al que pertenezcan, a la afición, a la familia, etc. En definitiva, complaciendo a otras personas y olvidando muchas veces la propia necesidad, lo que es importante y deseable para uno mismo.

Este proceso de complacer y cumplir con mandatos que vienen de los demás suele generar insatisfacción porque la exigencia nunca queda saciada. Los logros nunca son suficientemente buenos. En tu mente los resultados siempre pueden ser mejores a través del esfuerzo físico y mental. Desde este enfoque son habituales los pensamientos dirigidos hacia lo que falta, o lo que no se pudo completar, echando la culpa a la falta de esfuerzo y concentración.

Los futbolistas comprometidos desde la exigencia tienen problemas para separar "lo que soy" de "lo que hago". Cuando esto ocurre, los malos momentos son vividos como un gran fracaso profesional, pero también personal. Cuanto más se acerque tu trabajo en el fútbol a la exigencia, tendrás más dificultad para aceptar otros puntos de vista, admitir críticas o permitir sugerencias. Pero si decides evolucionar y trabajar día a día desde la excelencia, no mirarás tanto "el hacer" y los resultados y te centrarás en lo que tú eres y tu compromiso con el objetivo.

Desde la excelencia vas a centrarte en el proceso de mejora diaria, en el camino más que en la meta. Tu objetivo no será ganar, sino dar lo mejor de ti esperando que el resultado sea lo más positivo posible. Te importará más la preparación del torneo que el torneo en sí mismo.

En el camino de la vida de un deportista desde la excelencia hay aprendizaje, creatividad, potenciación de las habilidades, disfrute, celebración y, sobre todo, cuando algo salga mal sabrás que "no has sido tú el que ha fracasado", sino una parte de lo que haces, y que desde luego se puede mejorar.

Vivirás el fallo como una oportunidad de aprendizaje y no como un fracaso. Buscarás alternativas, aceptarás otros puntos de vista y admitirás críticas y sugerencias, ya que no lo tomarás de modo personal y verás que cualquier aportación será una nueva oportunidad de aprendizaje para avanzar hacia tu único objetivo: ser lo mejor de ti. Con estos datos tan positivos entenderás que desde la excelencia, aumentará considerablemente, la posibilidad de conseguir los resultados necesarios. Busca un interés continuo y un compromiso por hacer las cosas del mejor modo posible, y disfruta de ese proceso.

En este capítulo, hemos querido poner un solo ejemplo. El de un jugador que, a nuestro parecer, ha conseguido llegar a vivir su vida personal y deportiva desde la excelencia: Raúl González Blanco.

EL TRABAJO MENTAL ES FUNDAMENTAL DESDE LAS MÁS TIERNAS EDADES

RAÚL, LA ÚLTIMA GRAN LEYENDA DEL REAL MADRID

RAÚL

UNO DE LOS MEJORES JUGADORES ESPAÑOLES DE LA HISTORIA, Raúl González Blanco, nació en Madrid el 27 de junio de 1977. Son múltiples los sobrenombres por los que ha sido conocido: *El Cid Campeador*, *El Señor de los Anillos*, *el eterno capitán*, *el ángel de Madrid*, *el 7 de España*, *Señor Raúl*, *Míster Champions*... Para la historia ha pasado como jugador del Real Madrid, donde militó nada menos que 16 temporadas, en las que ganó tres Copas de Europa, dos Copas Intercontinentales, una Supercopa de Europa, seis Ligas, cuatro Supercopas de España. También ganó una Copa y una Supercopa alemanas en el Schalke 04, además de otros títulos en el Al-Sadd de Catar y el New York Cosmos estadounidense. Con la selección española disputó tres Mundiales y dos Eurocopas, jugó 102 partidos, en los que marcó 44 goles. Gracias a esa dilatada trayectoria está considerado como uno de los futbolistas más importantes de la historia del fútbol español.

El eterno *Siete*, además de triunfar en los terrenos de juego, también ha tenido mucha fortuna en su vida personal. Está casado desde 1999 con la ex modelo Mamen Sanz, con la que ha tenido cinco hijos. Todos sabemos lo que representa Raúl para el fútbol: un caballero en el juego limpio que nadie entiende cómo no ganó el Balón de Oro. Hasta Pep Guardiola, el "Raúl" del Barcelona, declaró que «Raúl es el jugador español más importante de todos los tiempos». Como veis, no dijo el mejor, sino el más importante, porque opina, como la mayoría de profesionales del fútbol español, que su manera de jugar y de vivir sus triunfos han sido excelentes.

[El éxito depende mucho más de tu actitud que de tu aptitud]

RAÚL, EN SU ÚLTIMA ETAPA PROFESIONAL EN EL NEW YORK COSMOS

La deportividad, motivación, imagen, lenguaje, talento y manera de gestionarlo, tesón, valentía, arrojo e inteligencia emocional de Raúl González Blanco han hecho que lo pongamos como ejemplo de grandioso jugador desde la excelencia. Nadie mejor que él para representar un futbolista prodigioso con un extraordinario equilibrio tanto dentro como fuera del campo.

EN RESUMEN...

Como última reflexión sobre este tema que cierra nuestro libro y basada en la experiencia que poseemos dentro del crecimiento en el mundo del deporte de élite, os diremos que, cuanto más enfocado en las necesidades del equipo, y menos enfocado en las personales, más fácil será avanzar con paso firme, y rápido, camino del objetivo de ser excelentes, eliminando los hábitos más destructivos como equipo y como personas.

No olvidéis nunca que a la excelencia se llega de un modo más directo, cuando nos enfocamos en las necesidades de los demás componentes de nuestro equipo.

[Lo imposible solo cuesta un poco más]

LAS CLAVES

- **1. SÉ CONSCIENTE DE LOS MENSAJES** que te lanza tu cerebro en forma de sabotaje a diario.
- **2. GESTIONA TU ANSIEDAD** como un hábito para que en el día de los partidos clave estés al cien por cien.
- **3. PON ATENCIÓN PLENA** a todo lo que te rodea y céntrate en lo que ves, lo que escuchas y las sensaciones de tu cuerpo tanto externas como internas.
- **4. RELAJA TU CUERPO** selectivamente, pasando por todos y cada una de los músculos.
- **5. CONCÉNTRATE EN EL MÚSCULO** o la zona de tu cuerpo que más reparación necesite y potencia su recuperación para los siguientes partidos.
- **6. POTENCIA TUS PENSAMIENTOS** para fortalecer la mentalidad del ganador.
- **7. CONTRATA UN ENTRENADOR MENTAL** o un coach para estar seguro de trabajar tu mente al igual que trabajas con tu cuerpo.
- **8. SÉ UN NIÑO** y aborda la vida como lo hacen ellos: con emoción, alegría, improvisación y desenfado.
- **9. RODÉATE DE GENTE BUENA** e intenta que tu vida guarde el mayor de los equilibrios.
- **10. SÉ TÚ MISMO** y consigue dejar esta huella irrepetible en el terreno de juego.
- **11. CONFÍA EN TU FORTALEZA** y no pongas límites a tus futuros logros.
- **12. INTÉGRATE SIEMPRE** con todos tus compañeros de vestuario y respeta al máximo a aquellas personas que, sin jugar los partidos, hacen posible que vosotros siempre tengáis todo listo antes de los entrenamientos y de los partidos como azafatas, utilleros, camareros, etc.
- **13. SÉ GENEROSO** y agradecido dentro y fuera del campo.
- **14. NO OLVIDES** que siempre puedes aprender cosas nuevas de cada entrenador y compañeros.
- **15. AMA LO QUE HACES** y respeta a todo aquel que lo hace posible.
- **16.** Y por último, **HAZ CRECER A ESA INMENSA PERSONA** que vive en tu interior y no dejes que el astro futbolísitico en el que te has convertido apague esa luz tan hermosa.

IVÁN HELGUERA, UNO DE LOS MEJORES DEFENSAS ESPAÑOLES DE LOS ÚLTIMOS AÑOS

ENTREVISTA

«ACTUAMOS COMO SENTIMOS»

FINALIZAMOS ESTE LIBRO con una pequeña entrevista a un gran jugador de fútbol español ya retirado. **IVÁN HELGUERA**, mejor que nadie, puede hablar con conocimiento de causa de la importancia de un coach o entrenador mental en la carrera de cualquier deportista, ya que recientemente ha terminado un curso de coaching. Iván Helguera Bujía nació en Santander (Cantabria) el 28 de marzo de 1975. Tras su paso por Manchego, Albacete, Roma y Espanyol, alcanzó la madurez futbolística en el Real Madrid, donde ganó dos Copas de Europa, una Copa Intercontinental, una Supercopa de Europa, tres Ligas y dos Supercopas de España en las nueve temporadas que jugó de blanco. Se retiró en el Valencia, donde ganó una Copa del Rey.

SI HUBIESES TENIDO UN ENTRENADOR MENTAL (COACH), ¿DE QUÉ MANERA HABRÍA INFLUIDO ESTA DECISIÓN EN TU CARRERA?

La respuesta hace un año hubiese sido diferente por la falta de información y formación, pero ahora me acabo de graduar en un máster en coaching para el deporte que me "ha cambiado la vida" de forma literal. En el fútbol, este tipo de modalidades no están para nada incorporadas en el esquema del funciona-

HELGUERA INTENTA CALMAR LOS ÁNIMOS DEL "MONSTRUOSO" OLIVER KHAN

miento de los clubes, creo que por falta de conocimiento. Pero si hace años, cuando estaba en activo, alguien me hubiese guiado en este sentido, mi rendimiento físico y mental hubiese tenido un grado superior, sin duda.

¿CÓMO GESTIONABAS TU ANSIEDAD EN EL CAMPO?

Hacia adentro, algo muy perjudicial. Los sentimientos en el deporte no están gestionados, e igual que se dice habitualmente que "somos lo que comemos" yo me atrevería a decir que "actuamos como sentimos".

¿HAS NOTADO EN ALGÚN MOMENTO QUE LA AGRESIVIDAD DE UN JUGADOR HA CONTAGIADO AL RESTO DEL EQUIPO?

Pero no solo la agresividad, también la euforia, el nerviosismo, la falta de compromiso, el compromiso en sí. Todo grupo se contagia de la energía que le rodea.

SABEMOS QUE TE GUSTA LA MÚSICA Y EL TRABAJO DE LOS DJ'S ¿CÓMO COMBINABAS TU VIDA DE JUGADOR CON ESTA PARTE NOCTURNA?

En mi caso la música no está relacionada con la vida nocturna. La música es una parte muy importante de mi vida, y desde que me levanto hasta que me acuesto tengo siempre una banda sonora que me acompaña. Es una relación que, por mi profesión, nunca ha ido unida. Escucho música desde que era muy joven y ¡no empecé a salir de noche hasta que tenía veintipico años! Mi pasión ha sido el fútbol, y esta unión, hasta que tu carrera se consolida, no es aconsejable.

¿QUÉ HACÍAS EN TU TIEMPO LIBRE?

Lo dedicaba a mi familia, pero también a la música, conciertos, viajar, cine, amigos, arte, etc. Me faltaban horas cada día para completar mis aficiones.

CUANDO CONOCISTE A TU MUJER, LORENA, ¿CÓMO AFECTÓ A TU ESTABILIDAD EMOCIONAL EN EL CAMPO DE JUEGO?

El amor siempre es importante, fuera y dentro del campo. Cuando tienes la suerte de conocer a una gran persona con la que compartir tu vida se completa una parte de ti que te hace estar más tranquilo, más feliz y eso, sin duda, se refleja en tu juego.

¿QUÉ SUPUSO PARA TI COMO JUGADOR EL NACIMIENTO DE TUS HIJOS?

¿La verdad? Es lo más increíble que un ser humano puede experimentar. Ese sí es el amor más grande, más incondicional y más auténtico de nuestras vidas. Pero cuando llega un bebé a casa por primera vez y llora cada tres hora no duermes como debieras y como todos sabemos y experimentamos, el descanso es una parte fundamental del buen rendimiento. Por lo tanto, tu rendimiento baja un poquito los primeros meses de vida de tu hijo. Creo que esa vivencia se repite de manera muy habitual en las vidas de los jugadores de fútbol.

¿CÓMO AFECTA PSICOLÓGICAMENTE UNA LESIÓN A UN JUGADOR DE ÉLITE?

Pues depende de la lesión y del momento. Es decir, no es lo mismo la triada que una rotura de fibras, como tampoco es lo mismo que la lesión llegue a princi-

CON LA SELECCIÓN ESPAÑOLA, IVÁN HELGUER JUGÓ EL MUNDIAL DE COREA Y JAPÓN EN 2002

pios de temporada que al final de la misma. Comenzábamos la entrevista con la importancia del entrenamiento mental en la vida de cualquier ser humano y la ausencia de la misma en el mundo del fútbol. En esos momentos tan difíciles, en los que no puedes hacer lo que más te gusta en la vida, que quizá en tu ausencia, otro compañero te quite el puesto que has sudado hasta el infinito, el miedo a reaparecer y no estar a la altura, el miedo a volverte a romper, el miedo, el miedo, el miedo.... El MIEDO que nadie te ayuda a gestionar acaba siendo el verdadero problema.

¿QUÉ ECHASTE DE MENOS EN LA RELACIÓN CON LOS ENTRENADORES QUE HAS TENIDO?

Más empatía.

SI VOLVIERAS A TU ÉPOCA DORADA COMO JUGADOR, CON LA SABIDURÍA QUE TE DA LA MADUREZ, ¿QUÉ CAMBIARÍAS?

No sé si muchas cosas, porque cuando algo te ha ido bien “virgencita, virgencita que me quede como estoy”... sí cambiaría cosas. Le daría mucha más importancia a la alimentación. Es fundamental saber qué alimentos tolera tu cuerpo y cuáles no. Aunque no lo sepas, te están haciendo muchísimo daño. Yo obligaría a realizar un test de intolerancias alimentarias a cada uno de mis jugadores, pruebas de alergia... Yo tenía una alergia fortísima a las gramíneas, como el césped, y no lo supe hasta que dejé de ejercer. Creo que, de haberlo tratado, mi rendimiento habría mejorado. Me encantaría contar con un coach en el equipo, usar técnicas naturales que rompen bloqueos energéticos y que nos impiden estar al cien por cien, y sobre todo sabría diferenciar muy bien quiénes son mis amigos y quienes están a tu lado por interés, gente muy tóxica como representantes estafadores que por a causa de tu juventud quieren estar a tu lado cuando estás en la élite.

EN TU OPINIÓN, ¿CÓMO PUEDE AYUDAR UN COACH O ENTRENADOR MENTAL A LA CARRERA DEPORTIVA DE UN JUGADOR DE ÉLITE?

Repito, te cambia la vida. Yo puedo asegurar que soy más feliz. Que estoy más seguro de mí mismo. Que conozco mis fortalezas y trabajo cada día para conseguir las que aún no tengo. Que analizo mis reacciones y las proceso. El coaching, por ejemplo, me enseña a no juzgar, algo que hacemos con demasiada frecuencia. Sin duda, soy una persona mucho más completa. Aunque tengo que matizar que este proceso debe ser voluntario.

EPÍLOGO

EL FÚTBOL TIENE UNA NUEVA OPORTUNIDAD DE EVOLUCIONAR

POR GERMÁN BURGOS

A la pregunta que se ha hecho mi gran amigo Diego Simeone en el prólogo de este libro "¿quién hubiera sido yo, si desde el principio me hubiese acompañado en este trayecto tan duro, un entrenador mental con la experiencia de Paloma y Ángel?" tengo la respuesta. Estoy casi convencido de que hubiésemos llegado todavía más alto en nuestras carreras deportivas. Pero lo que sé a ciencia cierta es que hubiéramos superado los varapalos, las ansiedades, el estrés, la falta de tiempo, el exceso de responsabilidad, la presión de los medios y los problemas familiares de un modo más sencillo, directo y con menos presión. Esta cara oculta de los jugadores profesionales no se ve casi nunca y solo salen a la luz los éxitos, el dinero que ganamos, las mujeres de las que nos rodeamos y los coches que manejamos.

Sé que en mi caso la presión de ser arquero, la responsabilidad de proteger mi portería, la superación de un cáncer y otras situaciones que en su momento fueron montañas que escalar para mi mente, con el apoyo de estos "gestores mentales" ese Everest se hubiera convertido en una duna de playa.

Conozco perfectamente a Paloma y a Ángel tanto a nivel profesional como personal como para no dudar en poner mi mente en sus manos. A través de ellos he aprendido herramientas precisas que me han ayudado a desarrollar mejor esta faceta que tanto me apasiona de entrenador.

Desde ahora con Bullminders, su empresa especializada en el desarrollo de las capacidades del jugador tanto a nivel psicológico como físico, el fútbol ya tiene la oportunidad de poder evolucionar de un modo diferente a como lo ha hecho hasta ahora.

En otros países con una visión más abierta y moderna como Estados Unidos integran en sus deportes de élite a profesionales como ellos. Personas que a través de técnicas más que comprobadas son capaces de fusionar mente y cuerpo para lograr que los sueños de muchos deportistas se cumplan.

Os quiero y os admiro por lo que habéis logrado hasta ahora y estoy convencido de que, con el nacimiento de este libro del que tanto he disfrutado, os aguarda un futuro lleno de experiencias increíbles en el mundo del fútbol. Pero lo más importante: ¡el fútbol también os espera y os necesita a vosotros!

Germán Burgos
Enero de 2016

PALOMA RAMÓN

Tengo dos debilidades en mi vida. Una es mi hijo Oskar y la otra mi pareja y motor de mi vida, Roberto Pavón. Sin vosotros mi existencia dejaría de tener sentido. Gracias por tanto amor, esperanza, risas y unión. ¡Juntos somos invencibles! Os amo.

Gracias, Eric Frattini, por hacerme saltar siempre al abismo, sabiendo que voy a sobrevivir. Gracias por tu ayuda y sabios consejos. Gracias por hacer posible que el libro vea la luz, ya que sin ti hubiera sido todo mucho más complicado, por no decir imposible. ¡Tanto Ángel como yo, te dedicamos a ti nuestro primer libro con Poe Books! Gracias, querido amigo. Te quiero.

Gracias, Miguel Ángel Linares, por atreverte a editar el libro y creer en nosotros. ¡Que se entere el mundo que tienes un talento infinito y que Poe Books es un referente maravilloso como editorial!

A mi padre, Lorenzo Ramón, gracias por ilustrar con tus dibujos el libro y por enseñarme que las barreras se borran con goma, trabajo y paciencia. ¡Qué grande eres!

A mi madre, Alicia Rubio, gracias por cuidarme en aquel hospital, a pesar de estar casi tan enferma como yo, por la pena. Gracias por hacerme ver la fuerza que llevo dentro y salvarme tantas veces. Mi suerte ha sido teneros a los dos a mi lado, como referente y red de mis caídas. Os amo.

A mi amigo y apoyo Germán Burgos, gracias por haberme enseñado tantas cosas sobre el fútbol, por tu ayuda en este libro y tantos años de amistad.

Gracias Iván Helguera por tu generosidad y paciencia. Ha sido un honor "raptarte" en el libro y contar con tus conocimientos sobre coaching.

Querido Petón, desde mi tierna infancia fui tu admiradora. Ahora, ya en la madurez, sigo siendo tu fan número uno. Gracias por acompañarme en este mundo que tan bien conoces y que tanto amas. El fútbol.

Gracias Diego Simeone por tu magnífico prólogo y tu apoyo. Espero regresar algún día a Catania y de nuevo, en aquel piano de cola, volver a componerte una pieza con el mismo cariño.

A mi hermano, Lorenzo Ramón; a Ruth Monterrubio, Guillermo Ramón, Daniel Ramón, Caroline Picquot, Mónica González, Rosana Güiza, Inmaculada González, Pepa... Sé que no tenéis ni idea de hipnosis, coaching o fútbol (Macu, ¡tú sí sabes mucho de coaching!), pero sin daros cuenta, de un modo u otro, habéis ayudado a mi desarrollo profesional y, sobre todo, personal. Para todos vosotros mi infinito amor e infinitas gracias.

ÁNGEL MARTÍNEZ

Quiero agradecer el apoyo incondicional de Germán Burgos, un gran profesional que ha dado el fútbol y una persona a la que no le cabe el corazón en el pecho.

Al "Cholo" Simeone, por su generosidad al regalarnos el prólogo de esta edición y porque muchas de sus cualidades están plasmadas en esta obra.

A Eric Frattini, por su apoyo incondicional en este libro y por supuesto por su imagen impecable en el mundo de la literatura. Me quito el sombrero por tener un "padrino" de esta categoría.

A Iván Helguera ,por su entrevista desde la visión del coaching y el fútbol.

A Petón, por inyectar gasolina a nuestro libro con sabiduría.

Y por supuesto, al gran maestro de los retratos, Lorenzo Ramón, que ha sabido plasmar con un arte excepcional, el alma de los jugadores protagonistas del libro.

Sin duda, dedico el libro a los que habéis escrito y escribís las páginas de mi vida: María Dolores Marcos, Andrés Martínez, María Martínez, Antonio Fernández, Javier Reimóndez, Álvaro Álvarez, Julio Alfaro y por supuesto a Mónica Rodríguez.

Muchas gracias a todos.

COGE UN LIBRO, QUE NO MUERDE
POE BOOKS
WWW.POEBOOKS.CLUB

www.poebooks.club
contacto@poebooks.club
Facebook: www.facebook.com/poebooks/?ref=hl
Twitter: @PoeBooks
Instagram: Poe Books

Paloma Ramón y Ángel Martínez (autores)
www.bullminders.com
Twitter:
@mishipalomita
@AngelCoach10